「指示待ち人間」の活性化策

部下を活かす支店長

寺田欣司 著

近代セールス社

はじめに

今どの銀行も、団塊の世代の大量退職を受けて、若い支店長を数多く誕生させている。彼ら若手の支店長はどうも共通の悩みを抱えているようである。その一つが若手行員の教育の問題であり、もう一つが中間管理職の活性化をどう図るかである。

若い行員の考えや行動パターンが理解できない。まるで宇宙人のようだ。指示待ち人間タイプが多い。彼らには自分が若い頃受けたのと同じ教育は通用しない。自分より年長者もいる中間管理職層には、「管理」に専念する者が多い。これまで培ってきた銀行経験を、仕事に活かしていると言えるだろうか。支店の戦力の中心として働いてもらうにはどうしたらよいか。こうした問題が若い支店長の悩みとなっているようだ。

本書はこのような悩みを持つ支店長、あるいは近い将来支店長職を拝命するだろう銀行員を読者に想定して、筆者の長年の経験、それは成功体験でもあるし失敗の反省でもあるのだが、をもとに「部下教育の在り方」を、思いつくままに書き綴ったものである。

銀行の行員教育には実務教育と組織人教育とがある。実務教育はずいぶん進歩してきたように見える。「自分で学びとれ」の時代から、懇切丁寧に指導する研修体系が整ってきている。しかし組織人としての在り方の教育、人間教育面はさほどではない。それは銀行人事部の怠慢というよりは、時代の流れとともに教育される側が変わってきているにもかかわらず、現場で教育に当たる側の意識が変わっていないことに原因があるように思われる。そこで本書は特に、現代の若者を理解すること、そして教育する側に意識改革が必要ではないか、という点に記述の力点を置いた。

第一章では昔も今も変わらぬ支店長の在り方を語ったが、第二章では現代の若手銀行員を念頭に置いた指導の方法を、第三章では若者をどう理解したらよいかを、第四章では叱られた経験に乏しい現代の若者を叱る方法を、第五章では指導する側の意識改革の必要性を語った。そして第六章では中間管理職の扱い方について筆者の試論とも言えるものを述べた。

筆者は長年銀行社会を経験した後、十年ほど前から縁あって教育の世界に身を置いているが、そこで思うことは、教育の在り方は原理原則論で語るものではなく、教育する側とされる側との、人間対人間の関わりから生み出される各論であるということである。

これを本書との関わりで言えば、本書は部下教育の原理原則を語るものではなく、あくまでそのヒント集だということである。読者諸氏には、本書の中から一つでも二つでもヒントを見つけてそれをご自身のものとし、部下教育にご活用いただければ望外の幸せである。

平成二十五年　秋

著者　寺田欣司

目次

第一章　部下教育と支店長の心得

冒頭に名著「銀行業務改善隻語」の著者、一瀬粂吉翁の言葉を引用する。

人の漸《ようや》く上に立つに及んでは、己の力を力とせず、人の力を力とする器局の大なかるべからず。これ将に将たるの要道なり。（同書第三章八）

支店長は自分の力を頼みとするのではなく、部下の力を巧みに活用することで自分の力を示さなくてはならない。それができて初めて名支店長として評価される。

だが現実はと見ると、目の前には物足りない部下が何人もいる。その部下たちは人事部からのあてがいぶちで、自分が選んだわけではない。部下の力を活かすことが支店長の使命の重要な一つと分かってはいるものの、彼らをどう教育したら良いのか、いささか気が重くなるかもしれない。しかし部下を教育しその力を伸ばすことで、もっとも恩恵を受けるのは支店長自身である。つまり部下教育は自分のためなである。

部下が育てば当然業績が伸びる。そして部下教育の巧みさを周囲から評価される。仮にその部下がもともと有能で、彼の貢献で業績が伸びたとしても、その部下を巧みに使ったとして人の評価を得る。「部下に恵まれたおかげでして」と謙遜すればするほど、周囲から「いや、あなたがその有能な部下を上手に使ったからだ」と評価される。概して人に嫌われる「自慢」も、「部下自慢」だけは、自慢すればするほど他人に好感を持たれ、自分の評価を高めることなるのだ。また部下の力を外に向かって自慢すれば、回り回ってそれは必ず部下の耳に届く。当の部下は支店長から直接褒められる以上に、喜びが増すものだ。もちろん問題ある部下が成長すれば、当然のことながら熱心な部下育成が実を結んだのだと評価される。

部下教育に熱心だった支店長は、後々になって余禄を楽しむことができる。上司の指導で能力を伸ばした部下は、その上司を一生忘れない。生徒指導が巧みで、自分に目をかけてくれた学校の教師のことを、教え子たちが生涯忘れないのと同じである。退職後もかつての部下たちとの交流が続き、その部下の活躍を楽しみに、幸せな後年を迎えることができる。部下教育成功の果実を味わうことができるのも、支店長なのだ。まさに部下教育は自分のためである。そう思えば部下教育を重荷に感じることはなかろう。

では部下教育成功の鍵は何か。支店長が行動において範を示し、部下の信望を集めることが第一である。部下の信望を得てこそ教育努力は実を結ぶ。そして次に部下の個性を見抜いて、それに適した方法で個々具体的に導くことである。本書第一章では部下の信望を得る支店長の在り方、そして続く第二章では部下指導の方法を具体的に語る。

1 君子は南面す

中国では古来南が正道を示す方角とされている。「君子南面」とは、君子は正道によって臣下を統率するものだという意味である。だがこれを次のように解釈することもまた、この言葉の別の味わいとなるだろう。

君主が南を向いて座ると、その顔が太陽に照らされて明るく輝き、部下はその表情を容易に読み取ることができる。そして臣下は安心してその君主の行う政治に従うことができる。臣下を欺こうとしたり、よこしまな考えを持てば、それが表情に現れ、部下に悟られやすいから、南面する君主は、ごまかしや策略を使って臣下を統率することはできない。

反対に君主が北を向いて座り、臣下がその君主を仰ぎ見る形で対峙すると、君主からは南に向いて座る臣下の表情を読み取りやすい。だが臣下からは、君主の顔が日差しの陰になって表情を読み取りにくい。君主が何を考えているかが分かりにくければ、臣下は疑心暗鬼になり安心してその政治に従うことができない、と。

ここで支店長の在り方とこの解釈の関係を考えてみよう。銀行の支店は概して小規模で、支店長と部下との距離は近い。部下たちは常に支店長の表情を窺《うかが》い、一挙手一投足、片言隻語《へんげんせきご》に敏感に反応する。朝支店長がくしゃみをすれば、昼の食堂での部下たちの噂話は、「支店長が風邪をひいたらしい」になると言った人がいるが、それはあながち的外れではない。

部下はその表情から支店長の健康状態であり、感情の動きを察し、心の動きさえ見透かす。言うならば、支店長は意図せずして常に「南面」していると言えるのだ。策を弄して巧みに部下を管理しようとしても、本心を隠そうとしても、たいていは無駄である。策も邪心も部下に見透かされて、彼らの不信を招くだけに終わる。

支店長の日々の言動は、支店長の人間性を映す鏡である。店内にあってそうであるばかりか、支店外での活動も時に取引先の口から、時に本部スタッフの口から部下に漏れ聞こえてくるものだ。内にあっても外にあっても支店長は部下の前では丸裸なのである。

結局支店長がなすべきことは、部下に向かって自らの考えを明らかにし、策を弄さず己の人間性を素直に表し、常に明るさを失わず、粛々《しゅくしゅく》と信ずる道を歩むしか方法はないのだ。前出の一瀬粂吉翁は同じ「銀行業務改善隻語」の中でさらにこうも言う。

> 不健康なる支配人は常に気分に陰晴ありて、部下も亦、その機嫌を窺うて執務するが故に、成績の良否に影響す（第三章二二）
> 支配人たるものは公平なるべきは勿論、熱と、押と、その外に声の明朗なることを必要条件とす（第四章九二）

2 君子は豹変す

この有名な易経の言葉は、今日では言動に節度がなく、言うことをころころ変える人を指す場合に使われることが多い。だが本来の意味は人格者たる君子は、間違いを犯したとき、豹がその美しい斑紋を鮮やかに変えるようにすかさず間違いを正す、である。この言葉と対になるのが「小人の過つや、必ず文《かざ》る」（論語・子張八）だ。思慮浅く心の狭い人間は、自分の過ちを改めるときにいろいろ言い訳をするものだ、の意味である。

ある判断を下しそれが間違いと分かったときに、その間違いを部下の前で認めることには、人間誰しも心理的抵抗を持つものだ。こんな経験がある。

小学生の娘がしばしばひざの痛みを訴えるので、大学病院に診断を受けに行った。最初に若い医師数人の予診を受け、次に教授の診察となった。教授は予診をした若い医師たちの話に耳を傾け、ある判断を下して滔々《とうとう》と治療方法を説明し始めた。ところがその教授のいう治療方針に少し違和感を持ったので、「娘は日頃からこんな症状を訴えているのですが」と質問をした。するとその教授は即座に、

「今お話しした私の見立ては間違いです。そのような症状を訴えるということは、おそらくお嬢さんのひざの痛みの原因はこれでしょう。手術を勧めます」

教授の後ろには予診を担当した若い医師数名が、教授の言葉を一言も聞き逃さない構えで控えていた。そんな中でまさに「君子は豹変す」を地で行く教授の言葉を聞いて、信頼できる医師だと直感し、即座に教授の勧める手術をお願いした。教授自ら執刀した手術を受けた娘は、長年悩んできたひざの故障から無事解放された。その教授の評判を後で聞いたところ、整形外科の名医と評判の高い医師であると知った。

日々忙しく働く支店長が、判断間違いを犯すことは珍しいことではない。中には部下の報告が不適切だったために、間違いを犯すこともあるかもしれない。しかしどんな場合でも自分の判断が間違いだと気付いたときは、この教授のような態度をとることが求められる。ここが名支店長と部下の範たり得ない支店長の境目だ。孔子は言う。「過ちを改めざる。これを過ちと謂う」（衛霊公二十九）

トラブル発生に伴う部下の報告は必ずしも正確に事実を伝えるものとは限らない。「小人の過つや、必ずこれを文《かざ》る」からだ、部下の報告には注意深く耳を傾け、それからおもむろに対処方針を考えてそれを指示しなければならない。それでも事実関係の認識を誤り、不適切な判断をしてしまう危険がある。

とりわけ忙しい職場の中にある支店長は「君子豹変」を余儀なくされることが多い。そのときは躊躇することなく先の方針を撤回し、新たな指示を出すことにするが良い。余分な言い訳もつまらない弁解もしない。こうした潔い支店長の言動が部下の信頼を得る。

3 二つの勇気

支店長が持つべき勇気は二つある。危機が迫ったとき、率先垂範先頭に立って事態の収拾を図る「行動する勇気」がその一つ。もう一つは、トラブル発生に対しはやる心を抑えて部下に処理を任せ、自分は冷静に事態の進展を注視し、次の展開を予想し軽々には動かない「行動しない勇気」である。真のリーダーであればこの二つを使い分けることができる。

二つの勇気を取り違えた好例が、先年の東日本大震災時の福島原子力発電所事故に対する首相官邸の対応である。事故発生の知らせを受けた官邸は、現場からの情報提供を厳しく指示し、遠く離れた官邸から直接指揮を取ろうとした。それが事故対応に当たる現場指揮官の行動を束縛し、対応が後手、後手に回って深刻な事態を招くこととなった。

原発事故に伴う放射性物質の拡散は、一国だけの問題ではない。ただちに国際社会に対し、情報発信する必要があった。緊急事態の中では若干の事実認識の間違いは起こる。それを懸念したのか官邸の行動が遅れ、それが原因となって国際的な風評被害を起こした。

前者では自分で動きたいのを我慢するという「行動しない勇気」を持つべきであったし、後者では若干のリスクを覚悟の上で「行動する勇気」を持つべきであった。二つの勇気の使いどころを取り違えたのだ。

ただ支店長にとって、「行動しない勇気」を持つことは存外難しい。

大勇は怯《きょう》なるがごとし（蘇軾《そしょく》）

この言葉の意味は、真の勇気を持つ人はどんな危機が迫ったときでも、あわてず沈着冷静に行動する。それを他人から見ると臆病者のように見える、である。一方気の小さな人は他人の目を気にして蛮勇をふるい、それがもとで失敗することが多いと言うわけである。イギリス海軍に伝わる「船長は血がにじむほど舌をかむ」の言葉もまた同様のことを説く。

The captain bites his tongue until it bleeds.

船が難所にさしかかったとき、心もとない操舵をする一等航海士を見て、自分で舵を取りたくなったときでも、船長は血がにじむまで舌を噛んででもそれを我慢せよ、の意味である。船長の役割は甲板の下で働く機関士たちの命も含め、船全体の安全を確保することである。仮に自分の操舵能力に自信を持っているとしても、自ら舵を取れば、不測の事態への機敏な対処ができにくくなる。それでは船長としての本来の責務を果たせないということだ。

4 「貴職自ら」と「支店長は最後の砦」

銀行界では「貴職自ら」と「支店長は最後の砦」の言葉がしばしば聞かれる。「貴職自らは」支店長は勇気を持って率先垂範せよとの意味である。銀行業はお金という危険物を取り扱っているから、融資判断にしても、窓口トラブル対応に関しても、どうしても安全第一主義に傾きやすい。これが銀行員の行動を消極的にさせる。だから銀行のトップは支店長に対して、「向う傷を恐れるな」とばかり支店長を叱咤激励するのである。

「貴職自ら」の対極をなすものが「支店長は最後の砦」である。顧客トラブルが発生したとき、まず担当者が交渉に当たり、それがダメなら責任者が、それでもダメなら支店長が出る。つまり支店長は最後の砦となるのが良い、というのがこの言葉の意味である。

初めから最終責任者が出て対応を過れば、取り返しのつかないことになりかねない。だからまず部下が交渉に当たって地ならしをし、最後に支店長が登場して事を収めるというのは一理ある方法だ。しかし何でもかんでも「支店長は最後の砦」とするのは考えものである。消費者被害トラブルに関する企業の対応には日米差が見られる。日本の企業では問題が大きくなって初めて、社長が出てきて謝罪会見をすることがほとんどである。アメリカ企業では実に早い段階から、社長が記者会見に登場して自らの口で事情説明をする。

どちらが望ましいか。それは明らかにアメリカ企業の対応だ。日本企業の社長の対応はどうも歯切れが悪く、潔くない。これを銀行実務に当てはめて考えてみるとどうなるか。

窓口トラブルを例に挙げる。支店長を出せと大声を上げる顧客には、まず中間管理職が対応するのが通常だ。だが顧客は聞き入れない。中間管理職の口調はどうしても、弁解がましくなり、そして支店長を出そうとしない。これが顧客を苛立たせる。

中間管理職は店頭にいる他の顧客の目が気になるから、早くトラブルを解消したいと思う。といってなるべくなら銀行の非を認めたくない、支店長のお出ましを願えば自分の能力が問われそうなどという気持ちが働くから、言い訳がましさはより強くなる。それが顧客の苛立ちをさらに誘い、声がますます大きくなる。こうなるとトラブルはより大きくなり、顧客側も振り上げたこぶしを降ろす機会を失ってしまう。

窓口トラブルの多くは最初から支店長が交渉に当たれば水際で解決できる。支店長であれば、謝るべきところは謝り、弁解、あるいは理解を求めるべきところを、はっきりさせて説くことができる。そして最後の一撃、支店長が深々と頭を下げれば、たいていの顧客は怒りを収めるものだ。顧客が支店長を出せと騒いでいるのに、支店長が出ないのがいけないのだ。

他の行員たちはあざやかな支店長の対応に感心し支店長への信頼を増す。「支店長は最後の砦」と構えていると、この部下教育の良きチャンスを逃す。

5 管理職とリーダー職

日本の企業社会の「管理職」には、権限を持って人の上に立つ人、というイメージがあるが、アメリカビジネス社会では「管理職」（アドミニストレーターとかスーパーインテンデントと呼ばれる）は、決められたルールが守られているかどうかを管理監督する人、という（管理に熱心で融通が利かない）事務屋のイメージが強い。ところが日本企業社会では、例えば銀行で言うと部長とか支店長のポストも「管理職」と呼ばれることが多い。

しかし日本の銀行支店長、支店内の上位の中間管理職は、このアメリカ流の「管理職」と位置付けされてはいない。部門を率い統括するプレーイング・マネジャー、リーダー職である。こう考えてきたとき、支店内で最上位の中間管理職である次長の問題に突き当たる。この伝でいけば、次長は支店長に次ぐ最上位のリーダー職でなくてはならない。だが果たして現実の次長は、リーダー職として働いているか。多くの支店長がこの点に疑問を感じ、次長に対して少なからぬ不満を持っているのではないだろうか。

支店次長の職責は、日頃は支店長を補佐して支店を統括し、いざというときには支店長の権限のすべてを代行することである。そして一方で他の中間管理職のように、担当部門を持たないから権限範囲が明確ではない。すると次長は支店長の使い方次第で、リーダー職にもなれば、権限がない分他の管理職以下の働きしかできなくなる。これは支店長にとって次長はあまりにも身近な存在のために、彼のあらが良く見えてつい「信頼して委ねる」ことに躊躇を感じることが多いところからくるものだ。そうなれば次長は支店長秘書となるしかない。支店長はまたそれに不満を抱く。この悪循環が生まれるのである。

江戸時代の儒者荻生徂徠はこのように言う。

用うる上は信頼し、十分にゆだねるべし（徂徠訓五）

仮に次長に不満を持っていたとしても、まずは徂徠の言葉に従ってみることだ。人は上から委ねられていると感じれば、それまで隠れていた能力が顕在化することもある。これがきっかけとなって支店長の不満も解消に向かい、次長は本来のリーダー職として活躍するようになるだろう。もちろんそれには時間とがまんが必要であるが。

信頼に足りる次長に恵まれなかったとしても、支店長として職分を全うできるかもしれない。しかしそれは在任中に権限代行者たる次長を必要とするような事態に遭遇しなかった、つまり単に運が良かったというだけの話である。次長をリーダー職に育て上げることはつい忘れがちだが、支店長の重要な責務なのである。それは支店長たる自分自身のためにもなる。

6 支店長と二つの罪

銀行支店長は二つの罪を犯しやすい。「なさざるの罪」と「沈黙の罪」である。

銀行支店長というものは新たに支店に着任した早々は、誰もまず安全運転を心がける。そしてその安全運転の方法は、前任者からの引継ぎに従い、まずは前任者が敷いた路線を走ることである。「様子を見ながら慎重に」と言うわけである。

しかし前任者が築いた路線、店内体制、顧客との関係に対して、敏感にその問題点を感じ取るのはたいてい着任時である。その新鮮な疑問は着任後日が経つうちに薄れ、それを疑問と感じなくなっていく。着任早々は「新たな挑戦」の絶好のチャンスなのである。

他の支店での営業成功事例を耳にしても、そのアイデアを積極的に取り入れようと考えない支店長が多い。彼らはそれを実行する力を持っていても、自分の支店には通用しないなどと即断して、試みるどころか深い検討を加えようともしない。

この両者に共通するものは「様子見」姿勢である。「様子を見る」ことは、拙速や蛮勇を排するために必要なことではあるが、同時に行動しないことへの弁解ともなる。つまり「なさざるの罪」を誘発する言葉なのだ。金融環境が日々激変する今日の銀行界において、行動しないことは罪である。現代は「様子を見る」転じて、「試してみる」姿勢が求められている。

支店長は自分の考え、本部の指令、幹部会の議論を常に末端の部下に至るまで知らしめる必要がある。忙しい仕事にかまけ、またそこまで部下には知らせる必要はないなどと、部下との情報共有の努力を怠ってはならない。それは部下指導にも影響する。

「知らせてはならない」ことは、知らせる必要はない。だがある情報を得たとき、部下に「知らせる必要はない」「知らせても意味がない」と考えるとしたら、たとえ相手が部下と言えども、同じ目標に向かってともに戦っている仲間を軽視していることになる。有能な部下に限って支店長の情報非開示に不満を抱くものだ。また情報遮断は、部下たちの憶測や不安をかきたて、上司への不信も招きやすい。部下の不信は指示待ち人間を生み出す原因にもなる。支店長にとって「沈黙は金」ではなく、「沈黙は罪」なのである。

特に銀行社会では、顧客との深刻なトラブル、融資事故、不祥事などが発生したとき、責任者限りとして情報を部下から遮断したり、脚色を加えて知らせたり、一部分のみ公開するなどがしばしば行われる。いやこれは銀行社会に限らず日本の組織社会に一般的に見られる「隠ぺい体質」である。だがこの隠ぺい体質がもたらす害悪は計り知れない。

トラブル発生の原因とその対応のいきさつ、そしてその結末は、同じトラブルの再発防止のための貴重な部下教育の機会である。支店長はトラブル発生のときにそれを開示しないという「沈黙の罪」を犯さないよう気をつけなければならない。

7 支店長は時計だ

支店長は自分の都合を、部下に押し付けることができる。だからつい思いつきで部下を動かしやすい。これが部下を疲弊させる元凶となる。支店長は厳格に自分のスケジュールを管理しなくてはならない。出勤時間、アポイントの時間、会議時間、帰宅時間を必ず守るのだ。これは支店長であれば決してできないことではない。それにより部下の行動も変わる。

戦時中ゼロ戦パイロットだったという支店長がいた。時間を守ることは命を守ることに通じるゼロ戦乗りの経験がそうするのだろう。実に時間管理が厳格だった。

毎日八時、一分とたがわず支店に出勤する。七時半をめどに出勤し、支店の近くの喫茶店で、コーヒーを飲みながら新聞を読むのが日課だからそれができたのだ。日中は九時半になると判で押したように取引先訪問に出かけ十二時に戻り、支店での昼食を終えると再度出かけて四時に帰店する。四時からは部下の報告を聞き、書類に判を押し、役席者と打ち合わせし、と忙しく働き、きっかり六時に帰宅する。これを頑なに守った。

月一回の幹部会で終了時間が予定より伸びることは絶えてない。夜の会出席のために時間待ちで六時を過ぎることがあるにはあるが、そのときも退店時間をあらかじめ次長に伝えておくから、支店行員全員、支店長が「いなくなる」時間を正確に知ることができた。

これほどまでに自分に厳しい支店長は、堅苦しくて部下から見れば仕えづらいように見えるかもしれない。だが部下から見るとそれが大違いだった。支店長自身は堅苦しい生活かもしれないが、正確に時を刻む支店長のもとでは、行員全員が仕事のメリハリを大切にし、時間を有効に使うようになる。むしろ働きやすい職場だった。

支店長の出勤時間が狂わないから、中間管理職は安心して支店長出社時間五分前に支店に到着する。少しでも支店長より先に支店に到着を、と焦る役席者のイライラがない。事務方の行員は、支店長の帰宅時間がはっきり分かっているから、忙しい日もその時間を目指して必死に仕事を片づけて帰宅を急ぐ。自然と効率良い仕事を心がけるようになる。融資や営業の行員は、六時過ぎに一息入れ、その後ゆったりとした気分で残務整理する。役席者たちは自分が早く帰りたい一心から、だらだらと残務整理をしている行員たちをせっつく。

支店長の時間厳守で、実にきびきびとして付き合い残業ゼロ、精神衛生上も良い、さらに肝心なことは、行員一人ひとりが効率の良い仕事運びを心がける職場ができ上がったのだ。時間管理を徹底させる行員、それは「指示待ち人間」の対極に立つ人々である。

支店においては、支店長は時計である。そして貴職自ら正確に時を刻め。その時計が正確であればあるほど、自主的に行動する行員が育つ。支店長の自己管理の一つ、部下教育のヒントの一つがこの「支店長は時計」の言葉にある。

8 ビジョンを語る

会社経営成功のためには、四つの「ん」が必要と言われる。まずはビジョンの「ん」、自社の将来像を描けていること。次は「そろばん」、確かな計算のもとに財務運営や投資が行われていること。そして「勘」。経営環境の変化を見て、今は攻め時か、守りの時か、それを察知できる「勘」。勘は経験の蓄積から生まれるから経験の「ん」とも言える。そして最後は「がまん」である。明日の成功を信じて今日の苦労をがまんする。これが成功の秘訣と言うわけだ。

翻って経営者の一人でもある銀行の支店長や部長は、この四つを持っているだろうか。少なくとも「そろばん」「勘」「がまん」はあるだろう。だがビジョンの「ん」はどうか。答えは「ほとんどが持っていない」ではないだろうか。

なぜなら会社経営が自己完結的であるに対し、銀行社会では本部が全体ビジョンを描き、支店はそのビジョン達成のための歯車の一つとなっているからだ。だから支店長自身はビジョンを持たなくてもよい。つまり銀行支店長はビジョン策定において、「指示待ち人間」なのである。しかもその傾向は本部統制が厳しくなっていく分ますます強くなってきている。

支店長も業務計画、中期計画と、将来の展望を描くことを求められているが、これらは現状の趨勢延長を数字で示すものであり、ビジョンとは似て非なるものだ。

反対にビジョンは、現状からの脱皮、新たな挑戦を謳うものである。銀行社会ではビジョンを描くことはロマンチックで空疎、言葉の遊びと非難されやすい。しかしあえて言うならば、現実路線重視、つまり収益とか効率ばかりが叫ばれる昨今の銀行社会においては、だからこそ今支店長はビジョンを語るべき時代と言えないだろうか。上司が「そろばん」をはじき「勘」で方向を決め、部下はそれに振り回されて「がまん」を強いられている。これが現状ではないだろうか。支店長がビジョンを語ることは部下に範を示すことでもある。

このような規模と体質の支店にしたい、それは決して不可能なことではない。わが部の機能をここまで広げたい、そしてより貢献度の高い部にしたい。そのビジョン実現に向けて、制約を克服し、本店を動かす方法を考え、一歩でも二歩でも前に進もうとする支店長あるいは部長。彼らのもとには、士気旺盛な、自分を高める努力を惜しまない部下が育つだろう。今銀行社会に限らず「夢を持つことの大切さ」が忘れられがちである。

支店長が夢を語れば、指示待ち人間の覚醒、無難主義の中間層の再教育に良い影響が期待されると考えるのは、いささかロマンチックすぎるだろうか。しかしたとえ結果的に空振りに終わろうとも、大言壮語家と揶揄《やゆ》されようとも、夢を語れる支店長の存在は決して組織にとってマイナスではない。指示待ち支店長が部下を教育できないのは理の当然である。

支店長よ、あるいは部長よ、臆することなくビジョンを語れ。

9 人間　からかさ論

人間「からかさ（唐傘）」論という言葉がある。人というものは概して、上から見ると良く見えても、下から見るとその反対であることが多いという意味である。傘は上から見ると模様が美しく映えるが、その内側はごつごつした骨がむき出しになっていて醜い。

昇進したい、高い評価を得たいなどと考えれば、目が上にばかり向きがちだ。そして部下から見られている自分を忘れる。部下から見た上司、支店長の姿が最も醜く見えるときとは、上から見られる自分を飾ろうとして、部下にむき出しの骨を見せてしまうときだ。

本部からの指示に忠実であることは、組織人として当然のことであり、重役から評価されたいという気持ちもまた自然である。本部や重役の覚えがめでたければ、何かと手加減してもらえるから、支店経営がやりやすくなり、その分部下の負担も減ることになる。本部への進言も部下の昇進申請も通りやすくなるだろう。

自分の意見にこだわり、ことごとく本部指令に反抗する支店長がいる。一見勇気あるように見えるが、それは必ずしも自分にとって良い結果を生まないばかりか、そのような支店長は自分に仕える部下たちを不幸にしやすい。本部は支店長を通してその部下たちを見ているからだ。支店長は常に上と下を等分に見なくてはならない。

本部が策定する各支店の業務目標は、概して総花的である。支店の個別事情が十分反映されたものではないのが通常だ。考え抜かれた本部施策にも、現場に立つ者から見れば、不合理、不整合が見えてくる。だから支店長は、本部から与えられた目標に不満を抱きやすい。しかし目標がどうであれ、その業務目標を達成するための方策は、一に支店長の腕にかかっている。本部指示に唯々諾々《いいだくだく》として従うばかりの支店長は、部下の目には醜く見える。かといって本部指令を批判するだけで、「自分の策」を部下に示すことができなければ、やはり部下から見て頼もしい支店長には映らない。

自分の力を誇る支店長に限って、本部指令にあからさまな不満を露わにしやすい。不適切な指令には建言で対応すべきであって、不平で対抗すべきではない。そもそも組織社会における支店長の役割は、本部指令と自分の考えとを巧みに調和させることであり、その力量が部下の信望を得る元になるのである。

本部を上目づかいに見る支店長が醜いと同等に、本部指令への不満をあからさまにするだけの支店長もまた醜い。部下の前では内心の不満を表に出さない度量が求められる。

借問《しゃくもん》す、不平子よ、如何なる目標を立て、如何なる信念と如何なる工夫と、如何なる努力とに基きて、如何なる良果を得んと欲するや、（銀行業務改善隻語　第四章二五）

10

「支配の欲望」と「育ての欲望」

人間が持つ様々な欲望の中には、「支配の欲望」と「育ての欲望」もある。そしてその二つは近接して心の中に潜んでいる。親がわが子に注ぐ愛情は、「育ての欲望」故であり、子どもが立った、はいはいした、歩いたと喜び、全神経を集中してわが子を大切に育てようとする。しかし、そのわが子がしつけに従わないと、傍らで見ていてもはらはらするほど厳しく折檻することもある。これは子どもを自分の思うとおりコントロールできないことに苛立ち、人間の本性が持つ「支配の欲望」が頭をもたげるからである。

昨今学校でのいじめ問題が報道されることが多い。子ども社会に限らず、大人の世界にもいじめはある。どちらも、反撃される怖れのない相手を、自分の意に従わせたいと考えるいじめ側の「支配の欲望」の表れである。この欲望は相手が弱ければ弱いほど限りなく膨らむところに危険が潜んでいる。だから時に深刻な問題になるのだ。一方生き物はすべて「育てる」ことに強い執着を持っている。動物の場合はそれが本能であり、人間の場合はより主体的な「育ての欲望」となって現れる。「支配の欲望」に負けず劣らず強い欲望である。

銀行支店長は、支店内では最高の権力者である。部下たちは全員、支店長の指示命令に従い、よほどのことがない限りは反抗しようとはしない。つまり支店長が「支配の欲望」を膨らませることに何の障害もない。だから時として部下を押さえつけ、意のままにならない部下に厳しく当たる支店長が出てくる。しかしそうした支店長が支店経営に成功することはない。

常識的な支店長は「支配の欲望」を顕在化させない。だが無意識のうちに「支配欲」を膨らませてしまうことはないだろうか。自分の意を汲み取れない部下に対して苛立ち、その部下に必要以上に厳しくなってしまう自分に気が付くことはないだろうか。

無意識に生じかねない「支配の欲望」を抑える方法は、「育ての欲望」を膨らませることである。部下の欠点にばかり目が向くと、支配の欲望が頭をもたげて、必要以上に厳しく部下に接してしまう。目をかけてきた部下が少しでも反抗的な態度を示すと「可愛いさ余って憎さ百倍」となる。「支配の欲望」を抑え、「育ての欲望」で部下に接するためには、部下の良いところを見つけそれを伸ばすことに専念することを心がけよ。

荻生徂徠はその「徂徠訓」の中で言う。

> 人の長所を、初めより知らんと求むべからず。人を用いて初めて、長所の現れるものなり（徂徠訓一）
> 人はその長所のみを取らば　すなわち可なり。短所を知るを要せず（徂徠訓二）

教育とは短所を直すことではなく、長所を見つけそれを伸ばすことである。

11 下問を恥じず

支店長はどうしても部下を上から目線で見ることになりやすい。支店行員を管理する者として当然と言えば当然だが、上から目線になればなるほど部下の声が自分の耳に届きにくくなるものだ。そしていつの間にか裸の王様になっていく。

中高年の中間管理職は、銀行員として支店長である自分の経験していない経験をいろいろしているはずだ。若い行員たちは、自分とは違う価値観を持ち、自分の知らない世界のことをいろいろ知っているだろう。彼らと目線を同じ高さにしてみよう。すると彼らはそれをいろいろ語ってくれるだろう。両者から得られるものの中には貴重な教訓もあるだろう。

下問《かもん》を恥じず（論語・公冶長十四）

自分が知らないことがあれば、相手がたとえ目下であっても教えを乞うことを恥と考えてはならない、の意味である。部下に教えてもらうのは、支店長の沽券《こけん》に関わるなどと考えるのは、あまりにも狭量だ。その狭量さが支店長と部下の間の距離を広げるもとになる。有用かつ必要な知識を得るのに、何のためらいがあるものか。

上司からものを聞かれて迷惑がる部下はいない。むしろ自分に関心を持ってくれている支店長、部下の声に素直に耳を傾けてくれる人として、信頼と親近感を抱き、自然と対話も多くなるだろう。「下問を恥じず」は、知識を吸収する機会であり、部下との距離を縮めることにもなる一挙両得の、そして「対話」という部下教育の道具ともなるのである。

ベテラン行員は良くも悪くも自行のカルチャーにどっぷりつかり、自行のしきたりと社会の常識を同じと思い込んでいる。いわゆる「わが社の常識は世間の非常識」である。その点若い行員は、そのカルチャーにあまり毒されていない。新鮮な感覚を持っている。

人は誰も銀行に入ってみて、今までの常識とあまりにも違う銀行のしきたりを知って驚くものだ。だがその違和感も仕事に就くといつしか薄れ、上司たちと同じ考えに同化してしまう。学生時代、銀行窓口の向こう側から銀行を見て感じていた窓口業務の不合理さ、不便さも、実務に就いてしまえばそれは当然と考えるようになる。サービス業である銀行にとって、彼らは銀行に入るまでは顧客の一人であったわけである。彼らの声を無視するのはもったいないことだ。鉄が熱いうちに彼らの話に耳を傾けるとよい。

今日職場に配属された新人はまさにそうした行員である。彼らに自店の窓口の状況と、先輩の動きを観察させ、率直な意見を引き出すが良い。昨日までどこかの銀行の顧客だった彼らから意外な感想を聞くことは、業務改善のヒントを得ることになるだろう。

12

敬能く聡明を生ず

そもそも銀行員であることのメリットは、世の中のあらゆる種類の人々とのお付き合いができることであり、顧客とのふれあいを通じて、薄くはあるかもしれないが幅広い知識を得ることができることにある。「人を以て鑑《かがみ》となさば、得失を明らかにすべし」（魏徴）と言われるように、他人の言動を手本とすることで、ことの善悪がよく判断できるようにもなる。銀行員は仕事を通じてこれを地で行くことができるのだ。これは世の中の他の一般的な職業にはめったに得られないメリットだ。

このメリットをより多く享受するには、聞き上手になることが肝要である。論語には「能を以て不能に問い、多を以て寡《すくな》きに問う」（泰伯五）の言葉がある。有能な人でも能力が乏しい人から学ぶことはある、たくさんの知識を持っている人も、知識が乏しい人から得られるものがある、といった意味だが、これは前項で取り上げた「下問を恥じず」に通じる、賢明な者が持つべき知恵と言えるものだろう。一瀬粂吉はその著書「銀行業務改善隻語」で、これを銀行業務に即して諭している。

客を重く見よ、仕事を重く見よ、「敬能く聡明を生ず」と云えることあり（第三章五四）

顧客を敬って大切に扱え、仕事をおろそかにしてはならない、そうすることで聡明な自分を作ることができる、といった意味である。

客を敬うその第一歩は聞き役に徹することだ。すると相手は次第に饒舌になる。そして様々な知識を吸収することができる。相手を敬う気持ちが通じれば相手は心を許し、話題が仕事以外にも広がって、そこからこれまで見えにくかった、顧客の素顔、尊大さとか謙虚さ、誠実、不実さといった人間性までも見えやすくなる。

ましてや銀行員が相手とする顧客は、「金」という人間の欲望の象徴を前にしている。金の前では人間は表の顔と裏の顔とが違ってくる。顧客行動を通じて人間の在り様とか生き様を考える、格好の実例を目の当たりにするのも銀行員なのだ。

ちなみに一流のセールスマンはすべて寡黙で、相手をそらさない聞き上手だという。客に多くを語らせることでその人の人間性や、心に秘めたニーズをも的確に捉えることができるからだろう。反対に相手かまわず巧みなセールストークを駆使するセールスマンは、かえって相手から煙たがられ、さほどセールスに成功しないと言われる。

顧客に接したとき、商売の種を求めようと考える前にまずその顧客を敬うことを考えるのが良い。その気持ちは必ずや顧客に通じ、顧客は心を開く。そして敬いの心をもって顧客の話を聞くのだ。そうすれば顧客の言葉の中に貴重なビジネスチャンスを探り当てるチャンスに恵まれるだろう。

13 自分と部下を比較しない

支店長は能力と経験と実績が評価されて今の地位を得た者である。一方部下はすべて発展途上人であり、支店長より能力が劣っていて当然だ。不出来な部下に「彼の年頃の自分はこうだった」などという不満も持つだろうが、その部下の年頃のとき、自分が上司からどう見られていたか、それが分かっていて言っているのだろうか。

特に組織社会には、「地位が持つ能力差」がある。地位が上がるにつれて得られる情報量が格段に増える。本店の動きや考え方は支店長、中間管理職を通して部下に伝えられるから、得られる情報量ばかりか情報の質さえもが支店長と末端の部下とでは大きく違う。部下が支店長以上に賢明な判断をすることは不可能に近い。取引先にしても、重要な話はやはり権限があり、依頼に対して即答できる支店長、あるいは次長に直接話したいと思うのが自然だから、一介の営業マンが支店長以上に貴重な取引情報を得ることは難しい。

つまり部下が営業成績で上司を上回ることはほとんど不可能なのだ。部下が自分より営業力が弱いのは、支店長が思っている以上に、地位の違いからくる差によるのである。部下と自分を比較することは意味がないことだ。

率先垂範型の支店長の中には、部下に対して自分の能力や成績を誇り、「私がここまでやっているんだ。それに引き換え君たちの成績はなんだ」などと部下を叱咤激励する人がいるものだ。こうした言葉は部下を発奮させるどころか、部下を白けさせるだけである。

地位の持つ情報量、地位の持つ力の差を部下たちは十分承知だ。部下と能力を競いたいのなら、まず部下に上司の立場で得た情報を与え、自分の経験を語って聞かせることで、部下とのハンディを少しでも縮めた上でしなくてはならない。それができないのであれば部下と自分とを比較してはならない。

支店長たる自分が持っていない良い面や能力、知識を持っている部下は必ずいるものである。彼らのその良い面を鋭く見抜き、それをさらに伸ばす機会を与えることは、部下教育の上で特に大切だ。往々にして人間の長所と短所は裏腹で、長所を伸ばせば自然と短所が消えていくという関係にあるものである。「後世畏《おそ》るべし」、部下の資質を見抜いて部下の五年後、十年後を想像してみることも大切だ。

そうした姿勢を持つ支店長のもとで働く部下は、必ずや大きく成長するに違いない。上位者が自分の力を下位の者に向かって誇ることは、部下の失望を招くだけである。荻生徂徠はその「徂徠訓」の中でこう諭す。

上にある者、下にある者と才知を争う事なかれ（徂徠訓六）

14 公平たらんとすることは難しい

公平な目で部下を評価することは難しい。人の評価には必ず心理的なバイアスがかかるからだ。好感を持っている部下には、その良い面ばかりが目につく。反対も同じである。これは、人間には自分の受けた印象は正しいと信じたいという心理が働き、自分の印象を正しいとする事実にばかりに目が向く（これを心理学で確証バイアスと言う）からで、良いと思う部下はより良く、良くないと思っている部下はより評価を低くしてしまうのだ。

能力に自信がある支店長の耳に入ってくる部下のお追従は、自分をよく理解している者が奏でる音楽のように聞こる。そしてその部下をかわいいと思う。諫言をよくする部下は、それが正しいと分かっていても、かわいげのない部下と受け止め、時として評価を低くしてしまうことがある。その部下の諫言にたまさか見当違いが含まれていようものなら、彼を疎んじるようになることさえある。これが人を評価するときの人間心理なのだ。

自分にないものを持っている部下は有能に見える。一方で部下の持つ能力が自分のそれと共通しているときは、その能力を高く評価しない。立ち居振る舞い、言葉使いに好もしさを感じる部下への評価は甘くなりやすい。それらがいちいち気にさわる部下に対しては、評価を低くしがちだ。これもまた偽らざる人間心理である。

こうした人間心理を排除できる人はまずいないと見てよい。正しい部下評価のために唯一できることは、人の評価にあたっては部下を部下としてではなく、一個の人間として評価しているのだと自分に言い聞かせることしかない。

ところで次の二つの先人の教えは人の公平な処遇の在り方に重要な示唆を与えてくれる。

人我は必ず一癖あるものと知るべし
但し、その癖は器材なるがゆえに、癖を捨てるべからず（荻生徂徠　徂徠訓七）
徳懋《さか》んなるは官を懋んにし、功懋んなるは賞を懋んにす（書経）

人間には必ず「一癖」あるものだ。だがその「一癖」はその人間が持つ器量である。それを欠点として直させ、丸い人間を作るのではなく、その癖を活かすように部下を導かなくてはならない。後段の書経の言葉は、西郷隆盛の遺訓にも引用されている。これを今風に解釈すれば、人間として優れた人材には重役とか支店長などの地位を与え、功績ある者には給料やボーナスをはずむだけでよい、ということになろう。

翻って今日の銀行社会は、素直で癖のない行員を評価して異才を排し、功績に重きを置いて人材登用する業績至上主義の偏重、こうした傾向を強めてはいないだろうか。正しい人事処遇により組織の強化を図ろうとするなら、この二つの言葉を噛みしめると良い。

15
「人望」「信望」「徳望」

西郷隆盛は、人の処遇において高い地位に就けるべきか否かの基準は、徳のあるなしであるという。では組織社会において「徳」を持つことの意味は何か。

人の評価に「周囲の人々から慕われている人＝人望」「多くの人から信頼を得ている人＝信望」「人からその生き様や人間性を称えられる人＝徳望」がある。西郷はその中の「徳望」ある人を指して、高い地位に就く資格のある人としているのだろう。

今日の競争社会では「徳」によって高い地位を得る人はまれである。おそらく「徳」ある人は、早い機会に競争社会からつまはじきにされてしまうのだろう。「徳」は競争に血道をあげている人々には、実に「うっとうしい」言葉である。競争社会に権謀術数、人の足を引っ張る、人を裏切るはつきものであり、上昇志向の強い組織人の中に「徳」ある人を見つけることは、木に登って魚を求めるに等しいことだ。

「徳」ある人は地位を得たいがために権謀術数を弄すなど考えもしない。いやそもそも上昇志向がない。だから出世を目指す人々が、「徳」ある人を蹴落とすことは簡単なのだ。「徳」を称えられている人が高い地位に就くチャンスは、「徳」あるトップをいただく組織にあって、そのトップに見い出される幸運を得たときだけである。

次に「人望」であるが、これは時として「人気」と混同されやすい。確かに人望のある人は人気がある。しかし「逆は真ならず」、「人気」があっても慕われているのではない、「人望のない人」はごまんといる。ハンサムでスマートな人は概して人気がある。おごる支店長は部下の人気を集める。部下にやさしい上司も同じだ。しかしだからと言ってそれが「人望」があることの証明にはならない。単に評判が良いだけのことだ。

反対に理想が高く行動も積極果敢で、部下を厳しく指導する有能な支店長は、出来の悪い部下からの評判が得てして悪いものだ。人気投票では有能な部下、心ある人々の票だけしか集まらない。だから無能な部下からも愛される人気者に負けてしまうことがある。するとその有能な支店長は「人望がない」と言う烙印が押されやすい。「人気」と混同されやすい「人望」という評価基準は実に危ういものなのである。

残った言葉は「信望」である。支店長が努力すべきことは、部下の「信望」を集めることだ。時には清濁合わせ飲むことも必要な支店長という立場上、「徳」に欠けるところがあってもやむを得ない。人気取りを演ずることも、部下におごることも好まないために「人気」がなくても構わない。時に部下に厳しい視線を注ぐが故に「人気」を落とすことがあっても良い。もっぱら部下からの信頼を勝ち取ることに専念し、有能な部下だけでも自分を信頼してついてきてくれれば良いと考えるのだ。だが「信望」を得るには、部下に対するに倍加して、自分に厳しくなくてはならないことは心得ておかなくてはならない。

16 自分を語る

部下は支店長をいつも、どんな人間なのか、どんな人生観を持っている人かに関心を持っている。あまり他人のことに関心を示さない部下であってもそれは同じである。生殺与奪の権限を持つ支店長の本性を部下として知っておきたいと考えるのは自然だ。時には支店長の隠された人間性を知って、尊敬を深めたり、仕事において従順になったり、啓発されることもある。だから支店長たるもの、機会を捉えて人間としての自分を部下の前にさらけ出すことに努めると良い。

部下に向かって自分を語るときは、どうしても仕事での体験が中心になりやすい。しかし仕事の体験を語ることは、「長を伐《ほこ》る」（手柄をひけらかす）につながりやすい。自分ではそのつもりがなくとも、部下の耳には自慢話に聞こえることがある。仮に失敗談を語ったとしても、部下にはその失敗を乗り越えた自分を自慢げに語っていると聞こえる。

仕事の話はほどほどにして、故郷のこと、両親のこと、幼少の頃の体験、学生時代の恩師や友だちの話、そして新人時代に得たもの、敬愛する上司や先輩にまつわるエピソードを語ろう。それが自然と上司たる自分の人となり、人生観を語ることにつながる。

部下に社会人、組織人そして銀行員としての自分の生き様を語ることは特に大切である。

人は他人に向かって自分を語ることで、自分を律する気持ちを持つようになるものだ。まさか部下の前で仲間を蹴落としてでも、重役を目指しているとは言えまい。職業人としての信念を語るのだ。銀行員としての社会的使命をどう受け止めているかを語れば、部下たちの目を上に向ける（部下も銀行員としての自分の在り方を思い描く）ことにもつながる。

銀行退職後の人生設計を語るのも良い。それを語るには自分の設計図を書かなくてはならない。それが自分の生き様を顧みるきっかけとなる。日常の忙しい仕事にかまけて、自分の将来を描くことを忘れている自分に気が付くこともあるだろう。誰もがいつかは銀行を退職する。第二の人生を迎え、そして老境に入る。人は言う。老境を楽しむには、少なくとも四十代前半までに没頭できそうな趣味を見つけ、現役時代からそれに手を染めておくのが良い。年を重ね暇ができてから見つけた趣味は、概して長続きせずまた楽しめないものだと。つまり趣味を語ることは、自分の後半生の生き様を語ることにも通じるのだ。

人間は死を免れることはできない。「棺を覆いてこと定まる」（晋書）。棺桶の蓋が閉まったとき、初めてその人の評価が決まる。死を恐れず、死に様を恐れる。晩節を汚さないための人生設計を今から考え、折に触れて部下たちに語るのだ。それを人に、いや特に部下に語れば語るほど、自分の生き方を省りみるきっかけになる。

今日を見て今日のことしか語らない支店長は狭量だ。今日を見て明日を語る支店長は危うい。明日の自分の姿を描いて今日の在り方を語れる支店長は人生の先輩として頼もしい。

17 転職願望を持つ

転職願望を持つことは良いことである。自営業者、企業経営者は自己責任、自力本願社会に生きている。それに対してサラリーマンは、しょせんは他力本願の世界にいる。組織という狭く閉ざされた社会にいると、運不運の影響がより強く出るのだ。たまさか不運に見舞われたとき、その不運を振り切って逃げるべき場所もない。

自分の能力を認めない上司につくことは不幸だが、そこから逃げ出すことはできない。ただ配転を待つのみである。能力を認める上司に恵まれることは大きな幸運である。自分を高めるチャンスを得、そこから連鎖的に新たな幸運に巡り合う機会も多くなる。良くも悪くもサラリーマン社会は他力本願社会なのだ。

それでも支店長の地位を得れば、この閉ざされた社会から一歩も二歩も外に出ることができる。しかし相変わらず僅かな不手際によって大きく評価を落とす不運も、部下に恵まれる幸運も、部下の失敗で足をすくわれる不運にも出会う。この他力本願社会の中にいて支店長としての評価を得ようとすれば、「上目使い」になりやすくそれが部下たちの失望を招きかねない。だが身の不運を嘆く支店長が、部下の尊敬を得ることはない。組織社会の中にありながらも「自力本願」を心がける支店長の姿勢が部下の尊敬と信望を得る。

その方法は目を組織の外に向けること、つまり転職願望を持つことである。職探しをせよと言うのではない。自分の能力と経験ではどんな職業に通用するだろうか、自分が望む仕事に就くには、どんな能力と知識が必要かを、外の社会の現実と見比べて考えてみることを言う。それが今の自分が持っている力を自己診断するきっかけとなる。

幸い銀行員は世の中のあらゆる種類の人々と接触を持っているから、世の中の様々な動き、様々な人の生き様を、薄くとも広い専門的知識を、と彼らから多くを学ぶことができる。自力本願を胸に、転職願望を抱いて彼ら顧客と接すれば、自分の目も耳もさらに大きく開き、より多くの知識を吸収することができるだろう。閉じ込められている組織社会から一歩踏み出して社会活動をすれば、転職の機会も含め得られるものはさらに多くなる。

これで得られた知識は、転職に役立つ以前に、接客業たる自分の仕事上の大きな武器となる。幅広い知識を持てば持つほど、より多くの知識を吸収することができる。知識の多い分だけ聞き上手になれるからだ。

そして広く世の中を見渡せるチャンスを持ちながら、それを活かしていない自分、いや銀行社会にはそうした仲間が多いことに気がつくだろう。実際に転職しないとしても転職願望は銀行員たるもの等しく持つべきだ。幅広い知識を持ちさらにそれを広げようとしている支店長は、部下にとって銀行員としての生き方の見本であり部下はそれを見て育つ。

18 良い支店長と好もしい支店長

仕事人として完璧な支店長は、時として部下に心理的威圧感を与え委縮させる。部下は完璧な支店長を望む一方で、人間味を感じさせない支店長に対してはなかなか心を開こうとしない。部下への思いやりを感じさせる支店長の「好もしさ」に反応し、微笑ましい欠点を見つけてほっとする。部下とはそういうものなのだ。部下が支店長に親近感や敬愛の念を抱くことは、部下教育のスタートラインである。仕事人としての支店長の在り方はすでに述べた。ここでは支店長が持つべき「好もしさ」の例を、いくつか例示してみよう。

・仕事以外の場では仕事の話をしない
・褒め上手、聞き上手だから、部下の個人的なことにも通じている
・部下の話を熱心に聞き、必ず質問を発する、知ったかぶりがない
・一度部下に指示したことを決して忘れない
・部下の健康や家庭問題の悩みに理解があり、人生の先輩としてアドバイスしてくれる
・眼差しが優しく微笑みが好もしい
これらはすべて決して真似ができないことではない。

　一方、支店長が持つべき微笑ましい欠点とは、酒の席では陽気で時折酔いつぶれ部下の失笑を買う、ゴルフがとびきりへたくそ、方向音痴、仕事を離れるとおっちょこちょい、などが部下にささやかな優越感をもたらし、上司の人間性を感じさせる。私生活での小さな失敗をことあるごとにご披露するなども同じだ。

　自分に厳しい支店長の姿は職場の中で示せば良い。二流の支店長は往々にして公的生活においても私生活においても部下に威厳を示したくなるものだが、これでは部下の息が詰まる。部下が支店長を敬して遠ざければ、部下教育の実は上がらない。真に強い支店長は、仕事への厳しさと、愛嬌ある人柄とを併せ持つものだ。良き支店長たらんと欲すれば部下から見て愛すべき存在となれ。

　固い信念を持ち、何事にも率先垂範して部下に範を示そうとする支店長は、「指示待ち人間」を作りやすいという面があることにも注意すべきだ。率先垂範型の支店長は得てして自分の目線で部下を評価しがちだ。仮にいささか動きに心もとなさを感じる部下がいたとしても、じっとがまんして結果を待つ「行動しない勇気」を持つと良い。それが部下に「任されている。信頼されている」という気持ちを起こさせ、部下の成長を助ける。

　またいつも後ろを振り返り、ついてこられない部下がいれば、叱責する前にその部下の後押しをする度量が求められる。

19

支店長の矜持

銀行支店長は銀行の組織文化の象徴である。融資の権限を持ち自由裁量の余地も大きく、一般的なピラミッド型組織構造の中では、特異な位置づけにある。

一般企業は、支社、支店あるいは営業所を設置し、その長に自社の知名度の向上、自社製品やサービスの地域シェア確保を通じて、自社の利益拡大の責務を課している。彼らには、自社の製品やサービスの質と価格という同業他社との差別化を図る武器がある。

翻って銀行支店長はと見ると、彼らと責務は似ているようだが、差別化できる武器は基本的には持っていない。金利サービスには限界があり、自分で自分の首を絞めることになりかねない。他の銀行に先駆けて開発された金融商品も、すぐに他の銀行の追随を許し、その差別化は一時期のものでしかない。銀行支店長は他行と同じ土俵で戦うしか方法がないのだ。

他行との地域シェア争いにおいて唯一差別化できるのは、支店長の人格だけである。それぞれの支店長が自分の持つ融資権限と許された裁量の範囲内で、営業地盤である地域の人々と正面から向き合い、地域社会の認知度を高めることが競争に勝つ唯一の手段なのである。

地域社会は、支店長の考え方と行動はその銀行のカラーを反映していると判断する。そのカラーが地域社会に認知されたとき、それは一支店長だけでなるものではなく、代々の支店長の努力の積み重ねが必要だが、支店は長期的な繁栄を約束されるのである。支店長が持つべき矜持《きょうじ》とは、この論理を理解し、それに沿って行動することである。

ところが現実には、支店に対して営業店の実情とかい離した厳しい本部指令が下され、短期的業績目標が課せられる。それを受け入れることは支店長の第一義の責務であり、支店長の評価はその責務を果たすことから生まれ、その評価が自分の利益（昇進）への道となる。

一般の民間企業では、利益の多寡が企業評価の基準、信用の証ともなる。だが銀行が自行の業務純益を誇れば顧客は、それは客から利益を奪い取った証だと揶揄《やゆ》される。銀行の利益のみを追求すれば、その利益の源泉である顧客は離れてゆく。

長期的利益の追求と短期的なそれ、本部指令と自店営業地盤の実情とのかい離、顧客利益と銀行利益のぶつかり、この相克をがまん強く、一つひとつ丁寧に解きほぐして適切な答えを見つけていく忍耐、これが銀行支店長の矜持であり、また支店長業の持つ辛さでもある。だがこの苦しみがあるからこそ、「銀行社会に魅力あるポストは二つしかない。頭取と支店長だ」と言われるのである。そしてその矜持をかたくなに守る支店長が部下の高い信頼を得ることになるのだ。それだけでなく、一個人の人間としての成長も得られる。支店長職に留まる限り、支店長の矜持を常に心に留め置き、この相克に耐え自らを高めるが良い。

20

座右の銘

支店長業は様々な利益相反にさらされるものだ。そこに昇進など自分の個人的利益を加えれば、ますますその相反は激しくなる。支店長業はその個人的利益を抑える「やせがまん」業と心得るが良い。顧客の意に迎合すべきか諌めるべきか、今日の本部指令に従うべきか支店の長期的発展を願うべきか、支店の永続的な繁栄に対する貢献を期すれば、目先の業績目標達成はおぼつかない。利益追求を優先して本部や顧客に媚を売り、策を弄そうとすれば、そこには部下の冷めた目が注がれている。まさにがまんの連続である。

支店長業は「緊張」の業でもある。金という危険物を扱う支店業務では、魅力的な融資案件に隠れる危険を敏感に察知しなければならない。わずかな事務処理ミスが大きな金銭的損害につながりかねない。苦情を訴える顧客に対してうかつな対応をすれば、信用第一の銀行に思わぬ損害が生じるかもしれない。一時も緊張を緩めることはできない。

これを別の角度から見れば前項に記したとおり、「銀行社会にやりがいのあるポストは二つしかない。それは頭取と支店長である」になるのである。そしていつも常に「がまん」と「緊張」を強いられることが、人間としての支店長たる自分を磨くことができる。

こうした様々なジレンマと危険に囲まれつつ支店長業を全うしたい、支店長の矜持を守りたいと望めば、心のよりどころが必要である。座右の銘を持ちその言葉を常に拳々服膺《けんけんふくよう》すること、これも一つの方法である。古今東西多くの賢人が語った言葉の中で、次の二つは、銀行支店長というポストにある者の座右の銘として、ふさわしいものと言えないだろうか。

行くに径《こみち》に由らず（論語・雍也十二）
小利を見れば　すなわち大事を成さず（論語・子路十七）

いずれも出典は論語である。径とは小道のこと。つまりいつも表道を行くことを心がけよ。抜け道とか裏道を通ろうとしてはならないとの意味である。二つ目の言葉は、目先の利益に捉われれば、大事を成すことはできないと諭すものである。

銀行支店長にとって真の大事とは何か。ただ一筋に支店業績を上げることで銀行に貢献することか。いやそれだけではあるまい。常に信念に基づき、目先の利益に惑わされず、正道を歩む自分を作ること、つまり人格の陶冶こそ「大事」ではなかろうか。

人格に優れた支店長は、顧客と部下の深い信頼を得、また部下の成長を助け、長い目で見れば支店の業績向上にもつながる。またその支店長は、いずれ優れた経営幹部の一員となって、銀行経営全体の利益に貢献することになるだろう。

第二章　部下指導のヒント

部下教育に当たって心すべきは、自分で部下全員を教育しようと考える必要はない、そう考えることは必ずしも良い結果をもたらさないということである。

人は、生まれ持った性格、性質、生育環境、学校環境、友人との交流、社会人経験がそれぞれ違い実に人様々である。支店長が統率する部下もまた多種多様である。どんな教育でもそうだが、人の教育では教えられる側の個性に即して指導法を変える必要がある。

支店長である自分の人生観や指導の考え方に共鳴する部下、しない部下がいる。能力が高いことは認めるがどうもそりが合わない部下も、能力は今一つだがなぜかかわいいと感じる部下もいる。部下教育は指導する側とされる側との相性に深く関わってくる。上司と部下の噛み合わせの善し悪しが時に部下教育を難しくすることがあるのだ。

だから、あえて自分を殺してまでも、問題ある部下の教育に努める必要はない。自分の気持ちに素直になり、相性の良い部下の教育に集中するのが良い。これを部下の依怙《えこ》ひいきと考える必要もない。自分と相性の良い部下を育て上げると、その部下が他の自分とは相性の良くない部下の教師役、あるいは支店長たる自分の考えの解説役や伝導役となってくれることがしばしばあるものである。

学校教育の世界では「子どもの最良の教師は子ども」と言われる。子どもは教師から教わる以上に友だちから学ぶ。子ども心を忘れてしまった大人の教師の指導より、子ども心が分かっている同年輩の友だちから教えられるほうが理解が早く納得しやすいのだ。

職場教育においても同じこと、年の差が離れている部下の教育は難しいものだ。若者の持つ価値観に拒否反応を起こすとか、自分の世代の価値観を理解しない部下につい感情的になることが起こるのもその原因である。一方部下の側には地位（特に支店長という立場）の持つ威圧を受けて、指導する上司に素直に従いにくい気持ちが起こりやすい。このような指導側、指導される側の関係が、努力してもなかなか教育効果は上がらないという結果を招くことになりやすいのだ。こんな言葉も参考になる。

子を易《か》えて之《これ》を教える（孟子・離婁（りろう）上十八）

親は往々にして、自分の子どもを正しく教育できないものだ。しかし他人の子どもなら的確な指導ができる。親子関係には感情が入りがちで、親はわが子に対して適切な教育を施しにくい。自分は他人の子を、自分の子は他人に指導してもらうと良いとの意味である。

波長の合わない部下がいれば自分で教育するより、中間管理職や古参行員に任せるほうが良いことも多い。また、人を教えるとは人から学ぶこと、彼らの教育にもなるし、彼らが支店長から任を任されたと受け止めれば、彼らの発奮材料にもなる。

1 自分の価値観と部下の価値観

第二次世界大戦時の帝国海軍の名将、山本五十六元帥が残した言葉がある。

やってみせ　言って聞かせて　させて見せ　褒めてやらねば　人は動かじ

この言葉は「部下教育の王道」を語るものだ。詩経に「耳提面命《じていめんめい》」とある。若い人を導くときは、手を携えて導くばかりでなく、例を挙げて示し、面と向かって言い聞かせるだけでなく、その耳を引き寄せてまで言い聞かせたい、との意味であるが、山本元帥はこの言葉を三十一文字にまとめたのかもしれない。忙しい職場の中でこの言葉を実践に移すのは難しいことだ。しかしこの言葉からは部下の教育には、部下に対する深い愛情が必要だ、との意味合いを読み取ることができる。

指導における部下への深い愛情とは、部下の性格をよく理解すること、そして指導者たる自分自身の性格をもよく心得て接することである。部下が様々であると同時に上司もまた様々、愛情を持って部下を指導するとすれば、時には指導する側とされる側の二つの性格がぶつかり、それが指導の邪魔をすることがあるからだ。

冷静派と情熱派、理論派と直観派、個性的な行員と協調性に富んだ行員、上昇志向タイプとプロフェッショナル指向タイプ。これらの性格の違いがそれぞれ異なる価値観を形成している。実務指導においてはともかく、組織人を育成する教育においては、上司のタイプと部下のタイプの組み合わせ次第では、指導法を変えなくてはならないこともある。

上昇志向タイプの上司が「ここをがんばれば管理職に推薦しよう」と部下を激励しても、上昇志向に乏しい部下が感じるところは小さいし、情熱派の上司が声を大にして部下を叱咤激励しても、プロフェッショナル指向の部下は白けるだけだろう。新人時代のイチローは、振り子打法を改めなければ一軍に推薦しないと叱責するコーチを、自分から見限ることで、その後の野球人としての地位を確立した。

人間は「自分が考えていることは、他人も同じように考えているはずだ」と誤解するものである（心理学の用語でこれを総意誤認効果と呼ぶ）。自分の人生観や価値観あるいは性格と合わないと、その部下を低く評価する傾向が出ることに気をつけなくてはならない。部下それぞれ、その部下が思う道で有能でなくとも有用な組織人になってくれれば良いことで、自分とは住む世界が違う部下から学ぶことも多々あるだろう。指導側の性格や価値観を、それを理解できない部下に押し付けることがないよう、支店長たる者、自分自身のそれ、そしてそれが部下に与える影響を、第三者的に観察する必要がある。

2

目標管理の活用

職場における部下指導（ＯＪＴ）の要は対話である。その対話は目標設定からスタートする。今日ではどの銀行でも目標管理の手法が導入されていて、部下との対話を通じて目標を明確にしていくことができる。しかし残念ながら日々の仕事に追われる支店の現場では、部下が自分一人で書き込んだ目標管理シートを上司に提出させ、担当の上司はそれに必要事項を書き入れて判を押し、人事部に提出するなどの例が多いようだ。

目標管理シートに記入するときは、部下が書き入れた自己評価に、部下の前で上司が考えを書き込むのが正しい活用法だ。この方法であれば自然に上司と部下の対話が生じる。目標管理シートは部下との対話の道具であり、その対話の中から部下は自己評価と上司の評価のギャップを知り、正しい自己啓発の道筋を自覚するのである。

人事部は目標管理シートが上司と部下の対話のもとに作成されたものとして、異動や昇格、キャリアコントロールの参考にする。だが部下は、人事部に提出された目標管理シートがどんなものかを知らないことがほとんどだ。部下にとって密室で評価されているに等しい。これでは目標管理シートの本来の目的は達成されない。

ある支店長は、作成した目標管理シートを人事部との意見交換の場に持参し、人事部担当者が下したその部下に対する見方をそれに赤鉛筆で記入し、支店に持って帰ってそれを部下に見せることにしているという。現場の上司と人事部の評価はしばしばギャップがある。この支店長の方法なら、たとえその評価が芳しいものではなくとも、部下は自分の評価に納得し、自分を改めるきっかけとするだろう。

部下評価が得てして密室評価になりやすいのは、部下をマイナス評価したときに、部下にそれを伝えることに、上司が心理的抵抗を感じるからだろう。その点、目標管理シートは評価項目が細分化されているから、長所を褒めながら欠点を指摘することが容易であり、そうした心理的抵抗を消してくれるメリットがある。

相手が責任者クラス、特にそれが中高年層であるときは、マイナス点を指摘することにより大きな心理的抵抗を感じるだろう。しかも上司と部下の年齢の逆転は当たり前の時代である。心理的抵抗は倍加するだろう。だが彼らには経験という実績があり、知識も豊富だ。意欲満々の支店長から見れば、その執務姿勢に不満を感じるかもしれないが、目標管理シートの項目に沿って彼の長所を探せばいくつも見つかるはずだ。

中高年層の指導には、すでに前章10に引用した徂徠訓の一項、「短所を知るを要せず」は大いに示唆的である。徂徠訓の意味するところは、長所と短所は裏腹の関係にある。長所を伸ばせば短所は自然に消えていく関係にある、ということである。

3 目標の与え方と励まし方

学習曲線とか習熟曲線と呼ばれるものがある。学習や訓練に要した回数とか時間と、目標到達度合をグラフに表すと、最初はなかなか伸びないが、ある一時期を越えると急激に伸びる。そして与えた目標に到達する少し前になるとその伸びが鈍化し、その時点から最終目標到達までには相当の時間を要する。それが曲線グラフに表されるというものである。体験的にも習熟曲線がいろいろの局面であてはまることが理解できるだろう。

これは部下に目標を与える場合に示唆的である。部下の能力から見て100が適当と見たとき、その100を目標にすると、80ほどを達成してからの目標到達に時間がかかることが多い。そこで能力の120パーセントを目標として与えてみる。するとやはり目標の80パーセント程度までは順調に到達したのちに、伸び悩みが見られるというのが一般的に見られる。しかし120×80パーセントは96である。つまりほぼ目標達成できていることになる。部下の目標設定は実力の120パーセントが望ましい。

このとき欲張って130の目標を与えると、最初から部下は目標が高すぎるとして嫌気がさして動きが鈍くなり、思惑どおりにはいかない。これが学習曲線とか習熟曲線が教える目標の与え方である。

次に励まし方であるが、営業マンの定期預金の生産性を例にとる。定期預金の生産性は増減で管理されるのが通常である。しかし増減は獲得と解約の差額である。定期預金の解約を防止することが極めて困難であるのが、昨今の金融環境である。解約防止ができなかったからマイナスになったと営業マンの生産性の低さを責めても、部下は内心で反発するだけである。または営業マンたちが支店長の叱責を恐れれば、成功率の低い、しかも成功したとしてもたいていは一時しのぎに終わる解約防止活動、つまりに労多くして益少ない顧客との交渉にエネルギーを注ぐという、効率の悪い活動に走るだろう。

銀行業は長らくストック商売を続けてきたために、残高がマイナスになることを強く嫌う傾向がいまだにある。しかし銀行業は今やストック商売からフローの商売に転換しつつある。生産性の管理も失点の多さよりも得点の多さを重視すべきである。

ここで例に挙げた定期預金の生産性管理に関しては、増減ベースよりも獲得ベースに着目して部下の生産性を管理すると良い。仮に生産性がマイナスだったとしても、獲得ベースが着実であれば褒める。増加していても獲得ベースが低ければ、その底上げの工夫を指示するのだ。こうすれば部下は解約防止に使ってきたエネルギーを新規獲得に回すようになり、効率的な営業活動ができることになるだろう。

減点主義から加点主義への転換もまた時代の流れに即応した部下指導の在り方である。

4 楽しく仕事をさせる

仕事はつらいもの、厳しいもの、だがそれを乗り越えれば昇進が待っている。そんな「馬の鼻先にニンジンをぶら下げる」部下管理はもはや過去ものだ。それが部下管理手法の一つであったことは間違いない。ピラミッド型組織社会における「ニンジン」は「昇級、昇格、それに伴う昇給」であり、かつてはこれが大いに有効だった。

しかし今や、価値観が多様化した現代の若者にも、銀行員人生の先が見えてきた中高年層にも、この「ニンジン」は魅力あるものではない。給料が上がることは望んでも、その見返りに仕事がきつくなったり、責任が重くなるのならそれもいらないと考える。と言って積極的に転職を望むわけでもなく、与えられた仕事をないがしろにするわけでもない。気持ちよく働きたいと考えている。こう考える彼らに、職業人としての成長を期待することも、仕事で大きな成果を上げることにも大きな期待はできないかもしれない。だがそんな彼らも職場の一員として役割を持つ、職場になくてはならない行員の一人である。「指示待ち人間で覇気がない」という理由だけで排除するわけにはいかない。

彼らの望みは「働きやすい職場」である。気持ちよく働ける職場の第一条件は、風通しの良い人間関係の構築である。これは優れて支店長の仕事、つまり支店長自身が、明るく、そして隠し事のない職場づくりを心がけなくてはならないのである。

部下たちが仕事に過重な負担感を持っていないか。仕事に対する負担感は上司から見た仕事の中身や、責任の重さとは必ずしも一致しない。部下の性格によるところも大きい。部下の心の中を鋭く読み取って適切な対応を考えなくてはならない。

負担感は、不適切な人員配置の放置、時間観念に乏しい職場、べからず主義の横行、達成感を得る仕組みの欠如が原因であることが多く、その是正に取り組む必要がある。特に仕事に達成感を感じれば、負担感は薄れる。それには「仕事のゲーム化」を工夫すると良い。

融資や営業回りの行員に対しては、実績をグラフ化して、成果が常に目に見えるようにする。事務方には提案制度への応募を促して提案件数を競わせる。目標達成者をみんなの前で表彰し、低額なものでよいから賞品を与え、未達成者には励ましの声をかける。

どんな些細なことにも目標を設定し、達成度を競わせてそれを表彰する。この小さな工夫が行員たちの気持ちを明るくさせることに役立つ。その明るさが店内にみなぎるにつれて、仕事の負担感も薄れていくものである。

特に部下の「創意工夫、アイデアの発信」を高く評価する仕組みを工夫すると良い。「べからず主義」を排し、「べき主義」への転換を図るのである。それによって自主的にものを考え、アイデアを生み出す行員が育っていく。

5 褒めるという指導

人は褒められることで成長する。学校社会では「三つ褒めて一つ叱る」ことが、子どもの成長を助けると考えられている。子どもの行動を詳細に観察して、褒めるときはすかさず褒める。子どもは褒められると自然と行動が積極的になる一方で、増長して羽目を外すことがある。そのときにはすかさずそれを咎めて正す。いつも褒められている子どもは、たまに叱られるとそれに素直に従うものだ。こうして子どもを成長させるというわけである。

大人社会でも同じである。だが褒めるにはその人間の行動を観察し、良いところを探し出す必要がある。だから褒めることを心がければ、部下の観察力がつき、宇宙人若者との対話の種も増えることになる。褒めたり叱ったりが部下との対話を促すことになるのだ。行員のやる気を起こすには、上司と部下の対話を多くすることが大切である。部下からの問いかけを待つのではなく上司から語りかける、特に褒める機会を多くすると良い。

だが、銀行社会はなぜか褒めることが少ない世界である。晴れ晴れとした顔で難題を克服した部下が上司に報告に来ても、上司は指示されたことをやるのは当然という顔をする。仕事の出来映えが良くてもそれを盛大に褒める上司はさほど多くない。

褒めることが少ない職場からは笑い声も、めったに聞かれない。支店にあっては職場は常に顧客の目にさらされているという事情もあるのだろうが、銀行マンは謹厳実直《きんげんじっちょく》であるべきとの心理的抑圧がそうさせるのではないだろうか。

アメリカ社会は、褒め合い社会である。事あるごとに相手を褒めまくる。個人主張の強いアメリカでは、これが人間関係を円滑にする手段なのだ。気恥ずかしがり屋の日本人、しかも謹厳実直を旨とする銀行社会では、アメリカ流は流行らないのだろうか。だが活気ある職場づくりに、「褒めることと笑顔を見せる」ことは必要不可欠である

支店の中には褒める種は探せばいくらでもある。倉庫の中が綺麗に整頓されていれば、「これ誰がやったの、綺麗になっているね」。支店長のこの一言で行員たちの動きは変わる。テラーの女性に「君はお客様に評判がいいんだね。取引先が君のことを褒めていたよ」。営業マンに「おや今月君の実績良くなってきているじゃないか。やればできるんだね」。こまめなこうした語りかけが、部下のやることをよく見ている支店長という印象を与える。そもそも褒めることは部下との対話を促すことに直結するものなのだ。

しかも褒めれば褒めるほど、部下を叱りやすくなる。いつも褒められている部下は、叱られてもさほど大きく落ち込むことはない。むしろそれを発奮材料にすることが多い。褒めた社会を脱して、褒め上手を演じ、笑いのあふれる職場を作ることは、「指示待ち人間」撲滅にも効果的な方策である。

6 目で管理する

部下の統率方法には、行動で示す「率先垂範」、口に出す「叱咤激励」に加え「観察」の三つがある。部下の行動をよく観察すること、つまり「目で管理する」という手法は、現実に多くの支店長が意識的にも無意識的にも活用している方法である。

朝一番、支店長は入室時に執務室全体を見渡し、室内の整理整頓、執務机の上をチェックする。すでに出勤している部下と意識して目を合わせるように心がける。そのために部下の挨拶を待たず、こちらから大きな声を出すと良い。部下の表情を窺《うかが》うと晴れやかな顔、曇りがちな顔いろいろである。服装や髪形を変えてきた部下もいる。それを目ざとく見つけて話のタネにする。「元気いっぱいのようだね」「何か心配事でもあるのかね」などと声をかける。これが仕事に関する対話のきっかけとなればなお良い。

支店には金庫や書庫、機械類が置かれている、普段人目に付きにくいところを時折のぞいてその様子を確かめる。店頭に出てロビーから営業場を観察する。気が付いたことがあればそれを部下に伝える。口うるさく言わなくても、これだけで部下たちは整理整頓に気を配るものだ。前回見たときと比べて整理されていればすかさずそれを褒める。それだけでも部下は整理整頓を意識して心がけるようになる。

仕事中執務席から顔を上げたとき、部下と目が合うことがある。決して視線をそらしてはならない。軽くうなずいたり笑顔を見せることを心がける。部下から報告を受けるときは、目を見ながら話を聞く。上司に見つめられながら報告している部下の目の動きを見れば、その報告の信頼度まで透けて見えてくるものだ。それは会議のときでも同じ。営業成績などを壁に張り出しているのであれば、日に一回はその前に立ちそれを見る。その支店長の行動はすぐに部下全員に伝わり、職場に緊張感をもたらす。

支店長の「目での管理」は、口うるさく注意する以上に、部下に強いインパクトを与えるものである。第一に、わが支店長は全体に気配りをしているという印象を与える。第二に柔和な視線を保っていれば、ボスが見守ってくれていると部下たちは受け止める。支店長の視線がいつになく厳しければ、部下は口で叱責される以上に強く叱られていると感じる。職場においても、支店長の「目は口ほどにものを言う」のである。

率先垂範型支店長は、時に部下に視線を送ることを忘れやすく、後ろを振り向いたら誰もついて来なかった、などということになるし、叱咤激励型の支店長は、叱咤するときに鋭い目つきになりがちで、これが部下を必要以上に委縮させる。注意を要する。

「目で管理する」は決して特別な方法ではないが、眼差しの使い分けを間違えない限り、職場にほどよい緊張感と、穏やかな雰囲気を醸し出す道具である。

7 考えさせる指示

部下の中には、与えられた仕事を、与えられた方法でこなせば仕事をしたものと考え、自分で仕事の進め方を工夫する習慣がない行員も少なくない。彼らには指示を受けた仕事を通じ、そこから何かを学び取るという姿勢が見られない。だからいくら教育のためとしていろいろ経験させても、たいして経験の幅が広がらない。

彼らを自主的に考え行動する行員に育てるには、日常的な仕事の指示についていくつかの工夫が必要である。その一つは、仕上がり期限を部下に決めさせること、二つ目はなぜこの仕事をさせるのかを説明すること、三つ目は仕事の進め方のヒントや仕事のでき上がりイメージを伝えること、四つ目は部下が仕事をしている途中で口出ししないこと、最後は部下からの報告を聞き流さず、感想なり評価を必ず口に出すことである。

どの部下も手持ちの仕事を持っている。いつまでにやれるかを聞かれれば、手持ちの仕事との兼ね合いから推定し、仕上がりまでの所要日数を考えるという、自分なりの段取りづけの習慣がつく。この仕事を通じて君はこんなことを学ぶことができるはずだ、これができるのは君しかいない。そんな語りかけに努めていれば、部下は「やらされる」と受け止めず、前向きにそして考えながら仕事に取り組むようになってゆく。

仕事の進め方について参考になりそうな事例などを紹介したり、ヒントを与えることを心がければ、部下はそれをもとに自分で工夫を加える習慣がつく。事細かに仕事の進め方を指示せず、与えた仕事の成果をこうイメージしていると伝えれば、それをヒントに部下は何かしら自分で工夫するものだ。

仕事が仕上がる前につい口出しをすると（あれどうなった？）、自分なりに段取りをつけている部下の気をそぐ。部下の報告をうわの空で聞くなどは、これまた部下のやる気をそぐことおびただしい。部下の報告を熱心に聞き、それをもとに対話を重ねることは、大切な部下教育の一つである。

通信講座や研修の受講を勧め、参考にすべき本の購読を指示するのも大切だが、日常的な部下への仕事の指示は、ＯＪＴによる部下教育の中心であり、それを単に業務遂行のためだけのものとしてはならない。教育の一環と考えると良い。

自分の都合を優先し、部下の都合を考えない、指示しっぱなし、報告も聞きっぱなしは、部下のやる気をそぐ。逆にどの仕事を誰にやらせるのが良いか、常々それを考え前述の注意事項を頭に入れて指示を出すことを心がければ、長い目で見て自分の頭で考え仕事をする行員を育てることができる。それよりも何よりも、部下との対話が格段に増えるはずである。再度繰り返す。部下教育の原点は部下との対話にある。

8

二つの指示メモ

ある経営学者がフィールドワークを実施して、「日本のビジネスマンは、上司の指示の六割を聞き流す。しかしそれでも組織運営にさほど支障は起こっていない」という実態を探り当てた。聞き捨てならない話だが、部下時代のわが身を振り返ればうなずけるだろう。

職場での上司の指示はたいてい口頭である。職場内の問題や部下の気になる行動がいつも目につくから、優先順位お構いなしに、鉄砲玉のように指示を出す。だからそれを受けた部下たちのほうがむしろ、その指示に優先順位をつける。

部下は優先順位が低いと考えれば、催促されるまではやらない。たいしたことないものなら、上司は指示したことを忘れるだろう、上司にとって重要な指示なら、催促が来るだろうと考える。こうして上司の指示がますます増え、部下はますます聞き流すのだ。

現場経験がほとんどないある役席者が、営業課の責任者となった。下には十二人の猛者が控えていた。ベテラン部下たちには、彼に営業の何が分かるかという気持ちがあるから、彼の質問には答えても、指示めいた言葉に対しては聞き流しを決め込んだ。上司の立場になれば、部下より情報量が多くなるし、素人ながらも課内の問題も部下たちよりはよく見える。だから指示も出すのだが、これも受け流されてしまう。

指示を出すたびにあからさまに面倒くさそうな顔をする部下。彼はその顔を見て、指示はすべてメモ書きしてそのメモを部下に渡すという方法を思いついた。ただのメモによる指示ではない。同じことを二つのメモ用紙に書き、一つを部下に渡し、もう一つを自分の机の上のメモボックスに入れておくというものだ。

指示を受けた部下はそれを済ますと、指示メモを持って彼のところに行き、顛末を報告する。何かしらのやり取りをした後、部下の報告に納得すると、彼はメモ箱から同じことが書かれたメモを取り出し、二つを重ねてビリッと破り、それで一件落着。

この方法なら部下は指示を聞き流せないし、彼も指示したことを忘れることはない。一見ずいぶん意地悪な部下管理方法のように見える。ところが実際はその反対だった。指示すべきことを文字に表わすときには、人間誰しもいったん頭の中を整理するものだ。だから思いつき指示とか、どうでもよい指示は自然に排除される。次から次へと鉄砲玉のように指示を出すのが常だった、ベテランの前任責任者よりもむしろやりやすい。二つのメモの成果は、素人責任者とベテラン部下たちの相互理解を深める結果に終わった。

「二つのメモ」は、リーダーである彼が自分のためとして始めたものである。しかし結果は上司も部下もハッピー、ウインウインゲームとなった。上司と部下とがウインウインゲームになるのは実に美しいことだ。

9 役割分担という教育

支店活動の中で融資の推進は、現代の銀行営業活動において最も重要な項目である。だが多くの支店長は、それを部下の尻を叩いて行わせているのではないだろうか。

融資に関する情報は平の行員より役席者、役席者より支店長に集中するものだ。顧客は融資の相談は決裁権限のある人間に持ち込む。平の行員に相談しても質の良いアドバイスはもらえないだろう、即答を期待することもできない。当然支店長が来たとき、支店長を訪ねて相談を持ちかけるのが良いと考える。つまり融資に関連する情報は、自然に支店長に集まるようにできているのである。融資推進は平の行員の尻を叩いても、労多くして益少なし、支店長自身が「率先垂範」して行うべき営業項目なのである。

だが融資は危険物である。決裁権限がある支店長が真っ先に飛び出して話を進めれば、顧客に言質を取られて窮地に陥ることも十分あり得る。だから融資推進では、部下が案件を発掘し、融資係がそれを慎重に検討し、その上で支店長が最終判断するというボトムアップ方式が良いという考えもあるだろう。もちろんそれには一理も二理もある。しかし融資話というものは、常識を持った支店長であれば、話を聞いた瞬間、直感的に筋の良い話か無理筋かは判断できるものだ。無理筋と直感したら即座に断れば良い。

無理筋であることは顧客側も承知であることが多いから、顧客は案外その拒絶に不満を持たない。逆に筋が良いと感じた案件は即答を避けるのが良い。支店に持ち帰って検討して問題を発見することがしばしばあるからである。顧客の面前でイエスと言い、後になって断れば顧客の不快感は強くなる。つまり融資判断は「ノーは即座に、イエスはゆっくり」なのである。これさえ守れば支店長が先頭に立って融資推進をしても危険は少ない。

有望な案件は支店内に持ち帰って融資の担当者に吟味をさせる。そのとき支店長は自分の腹づもりを悟らせてはならない。「君の判断で決める」と指示するのが良い。支店長の判断には融資話を種にして業務推進を図りたいとの下心が入るから、どうしても判断に邪念が入り、それが危険な融資を引き受けるもととなりやすい。

しかし融資担当者は融資案件として純粋な判断ができる。だから彼の意見を尊重するのだ。すると担当者は、自分は支店長に融資判断を任されていると受け止め、必死に案件を詰めるだろう。これが融資マンの成長を促すことになる。

支店長が先に融資判断をすると、判断間違いが起こりやすい上に、融資マンが支店長の判断に沿った融資事務を行うだけの行員になってしまう。融資担当者という重要な役割を持つ行員を、「指示受け人間」にしてはならない。支店長と部下の適切な役割分担が、部下の教育にも資することになるのだ。

10 任せるという教育

ここではある銀行員の若い頃の体験談を記し、「部下に任せる」ことの教育上の効果の大きさについて語ることとする。

私は当時融資主任をしていて、ある問題融資先の扱いに苦慮していました。今で言うなら破綻懸念先なのに、社長と銀行のトップが親しいとかで、経理部長は、銀行はいつでも金を貸してくれる、と心得ているようでした。金が足りなくなったときだけ銀行にやってきて「今月五千万円足りなくなりますので融資をよろしく」とだけ言って会社に帰る。資料を要求しても、後で後でと言うばかり、融資実行日間近になってやっとお粗末な資料を出してくるのです。ですから稟議書の内容も薄くなり、稟議書を提出するつど審査部から文句をいただきました。まことに困った融資先でした。

ある日、いつものように経理部長が融資の申し込みにきたのですが、例によって「資料をすぐに出してくれ」「すぐには無理」の押し問答となりました。そこに外出先から支店長が戻ってきて、件の部長を見かけこう言いました。「おや部長さん、ボーナス資金の申し込みですか」。それにうなずいた部長に、支店長はこう言葉を継ぎました。

「主任によく説明しておいてください。私はうちの主任が上げてきた稟議書には必ず判を押します。しかし主任が納得しないと、稟議書は私のところに来ませんからね」

この言葉で経理部長の顔色が変わりました。こんなことがあって以来経理部長は私の要求する資料は、すぐに届けるようになり、これまでより頻繁に銀行にやってきて、資金繰りを事細かに説明するようになりました。対話が多くなり、要求資料も細かくなり、提出資料の中身も濃くなりと、会社の金の動きがよく見えるようになりました。

この劇的な変化を受けて融資主任の私は燃えました。いやその前に支店長が、私が作成した稟議書は必ず承認する、と取引先に向かって言い放った、その瞬間から私の闘志に火がついたのです。そして私は、いいかげんな仕事をすれば支店長が判断を過つ、支店長からの信頼を損なうとばかり、せっせと仕事に取り組むようになりました。

当時私は主任と言っても融資主任としては飛び抜けて若かったのですが、直属の上司はたいていの融資交渉を私に振ってきましてね。そのうちに本店の審査役からは、「君に聞けば支店融資先のことは何でも分かるから安心だ」とまで言われるようになりました。

この支店長の行内評は、「温厚だが凡庸」で、支店をぐんぐん引っ張るような人ではありませんでした。しかしことに私に関しては、支店長はパワーある融資マン一人を、たったの一言で育てたのです。

部下を育てる一言に「君に任せている」がある。

11 登用という教育

配置換え、担当替えは、体制強化のためだけでなく、部下の教育指導のために行われる。その中で部下をより高度な能力が求められるポストに就けようとするとき、つまり「登用」するとき、しばしば逡巡を覚えるものだ。だが「地位が人を作る」という言葉がある。例えば主任登用者を選抜するとして、候補の部下の今の仕事におけるマイペースぶりが気になったとしても、主任に登用したとたんにリーダーシップを発揮する例なども少なくない。部下の今だけを見て判断するのは考えものだ。徂徠訓はこのように言う。

> 人の長所を、初めより知らんと求むべからず
> 人を用いて初めて、長所の現るるものなり（徂徠訓一）

地元商店街を担当し実績を上げてきた主任の営業マンに異動命令が出た。彼の後任を誰にするか、頭の痛い問題が生じた。そのとき融資係にいる入行二年目の、従順でおとなしい性格の若者を候補に考えた。支店幹部にその考えを示したところ猛反対を受けた。相手とするのは商店街の一癖も二癖もあるオーナーたちだ。そんな若者に前任者の代わり

が務まるわけはない。ましてや商店街のオーナーたちは、若造の彼を担当にするとは自分たちを馬鹿にするのか、と不興を買うだろうというわけである。

幹部の反対を押し切って結局この若者を商店街担当の営業に任命したのだが、その理由は彼は頭が良いこと、性格が素直で力の出し惜しみをしないこと、特に着目したことはええかっこしいとかスタンドプレーとは無縁の行員だったことだった。

彼には二つの心構えを指示した。商店街のオーナーたちから「商人としての心構え」を学びとること、つまり常に教えを乞う姿勢で接すること。自分で営業推進しようと考えず、顧客から情報を得たらすぐ次長に報告して指示を仰ぐこと。つまりメッセンジャーボーイに徹せよという二点だった。

それから数ヵ月後、商店街からはこの若者に対する称賛の声が上がってきた。百戦錬磨、口八丁手八丁の前任者から打って変わって、何を言っても素直に教えてくださってありがとうございますと反応し、苦情を言えば実に悲しそうな顔をする。オーナーたちは素直で従順な彼がかわいくて仕方がなくなってきたのである。彼を相手にするとオーナーたちの口が軽くなるのだろう、以前に増して、貴重な営業情報が時を失せず、次長にもたらされたのである。

この若者にとっては支店の最重要地区の営業担当を任されたことが、彼を発奮させ自分を大きく成長させるきっかけにもなった。

12

顧客は最良の教師

前項のエピソードから、顧客は行員の良き教師であることを読み取っていただけただろうか。ものづくり企業の経営者は、「わが社が今日の技術水準を保てているのは、取引先から常に厳しい要求を突きつけられてきたからです」と語ることが多い。

顧客の声が自社であり担当の社員の質を高めることは技術系企業に限らない。銀行というサービス業も同じである。銀行にはサービス業としての接客技術が求められる。その技術を磨くためには、店頭アンケートを分析し店頭体制の強化に努め、顧客の生の声を真摯に受け止める、つまり顧客を教師と考えることが大切である。

どの銀行支店にも自行のファンがいるものだ。歴代の支店長と親交を結び、ビジネスを度外視しても何くれとなく応援してくれる顧客である。このような顧客は支店営業活動におけるありがたいご意見番でもある。支店の歴史に通じていて、新任支店長にお説教をし、古い支店取引先とのお付き合いでの注意すべきことを教えてくれる。地域の有力者であることも多く、地域社会の動きであり見込みに関する情報をもたらしてくれる。確かに口うるさく、時には手間もかかる顧客かもしれないが、歴代の支店長の何人かはこれら顧客に助けられたことも少なからずあっただろう。こうした顧客は目先の商売を抜きにしても大切にすべきだ。

このご意見番顧客を、支店の若手行員の教育係としても頼りにすると良い。このような親密顧客は、歴代の支店長の采配振りばかりでなく、これまで自分を担当した何人もの若い行員の、接客態度の良し悪しもよく覚えていて、「顧客側から見た」銀行員の在り方を教示してくれる。見どころのある若い行員の教育を、彼らにお願いするのだ。こうした指南役を頼まれて気を悪くする親密顧客はいない。

前項に登場した若い行員の場合でも、うるさ方の地元商店街のオーナーたちが、自分から進んで彼の教育係を引き受けてくれたのである。普段目の届かない部下の外部での営業活動の実態が、彼らの口からもたらされ若い行員の教育の材料ともなる。また親密顧客はしばしば支店を訪ねてくることも多く、営業担当の行員ばかりでなく、店頭テラーの応対ぶりなどについてもご教授願うことができる。

顧客を単に営業推進の対象とだけ捉えるのはもったいない。特に支店親密顧客とは時には商売を度外視した幅広く深いお付き合いを願うと良い。それが長い目で見れば支店の業績進展にも役立つだろう。

多くの銀行で収益拡大主義、効率主義が強調され過ぎてはいないか。銀行業は顧客あってのもの。顧客の信頼を失わないとする受け身の信用第一主義から、顧客を信頼関係の和に引き込む積極的な信用第一主義が、今問われていると言えないだろうか。

13

帰ってきた部下　途中からきた部下

労働市場の流動化が進み、保守的な銀行業界でも雇用形態がずいぶん多様化してきた。銀行社会は永らく終身雇用制を守り、同質化行員、ゼネラリスト養成を心がけてきた典型的な業種だったが、今や異質人材の受け入れも盛んになりつつある。

事務処理部門を分離し子会社化して、その事務にふさわしい人材をパートとか派遣社員で受け入れ、また給与体系を含め雇用形態を変え、コンピュータや資金証券周りの部署に専門家指向の人材を求めて、従来の銀行員とは異質のプロフェッショナルな人材を中途採用している。こうした雇用形態や人材確保の態様が多様化してくると、いずれ一度退職した行員が再度応募しそれを採用することも、珍しくない時代がやってくるだろう。

パートも、派遣社員もそしてプロ人材も、年功序列と終身雇用のもとにゼネラリストコースをたどる一般の行員とは異質の人材である。ここでは彼ら異質人材を教育する方法を語るのではなく、彼らにまつわる部下教育のヒントについて言及することとする。

パートは時間を売る人々である。いわゆるタイムコンシャス、時間内に仕事を終わらせようとする意識が強い。個人生活を優先するから、時間がくればさっと帰る。突然退職もする。だから彼らの仕事は、事務の一部を切り取った自己完結的なものになることがほとんどだ。

派遣社員はスキルを持っていて、そのスキルを売り物にしているから、プロ意識が強く他の行員と進んで交流することにあまり積極的ではない。いつもより待遇の良い職場を物色していて、雇用期限到来とともに去ることも多い。だから支店の管理職はパートも派遣社員も、自分の「人事管理」の範囲の外にいると考えやすいがそうではない。

この二種類の人々は確かに職場における異種人材である。だがよく観察するとタイムコンシャス、独立独歩のプロ意識、いずれも正行員に欠けがちなものを持っている。彼らは他の行員の模範となるべきものを持っているのだ。正行員に彼らの姿勢を学ばせよう。

一度退職した元行員が再雇用を願ってきたとき、それを拒否する風潮がいまだにあるがそれは間違いだ。彼らは他人の飯を食って初めて、かつていた職場の良さを知ったのだ。強い愛行心が期待できるし、他の会社の良いところ悪いところを見聞しているから、彼らから得るものは多いはずだ。人柄さえ間違いなければ積極的に再雇用すべき人材だ。

銀行の雇用形態の多様化は、人件費の抑制、育成費用の節約など雇用側の都合で進められてきたが、世の中には正面から人材の多様化を狙って大量の中途採用者を雇用し、彼らのパワーを活用することで成功した大企業もある。今や銀行業界にもその時代が到来しつつあるのではないだろうか。定年延長問題も、その人のスキルを買って新規採用するのだ、という意識で彼らを扱えば、これはまた前向きな異質人材の採用となるだろう。

14 現代のノミュニケーション

ノミュニケーションは職場の仲間の懇親の機会としてだけでなく、部下指導の重要な道具としても活用されてきた。酒が入って口が軽くなった部下から本音を聞き出す。職場では言いにくい上司の本音を漏らして、部下の不満を解消し、やる気をかきたてるなど、酒の力を借りて対話をするノミュニケーションは確かに貴重だった。

だが今やノミュニケーションの場を設定すること自体が難しくなってきた。上司が誘っても平然と断って自分の個人的都合を優先する若手行員に、上司が唖然とする光景は珍しくない。しかし若手行員がノミュニケーションを避けたい理由は、そうした若手の割り切りだけではない。ノミュニケーションの場での上司のふるまいにも原因がある。

飲み会の場を職場の延長線と考え、上司であることを前面に押し出し、仕事の話を延々とする上司が疎ましいのだ。現代の若者には話し上手で、場の雰囲気を盛り上げる術を心得ている者が多い。しかし、職場の延長線での飲み会では、彼らは主役になれない。酒の勢いを借りての上司の長口説《くぜつ》を聞くのでは楽しい飲み会とは程遠い。

現代の若者は、教師とは授業中は師弟関係でも教室を離れれば友達関係、という環境に慣れ親しんできた。教師や教授自身がそうした関係を持つよう心がけることが多いのだ。そうした彼らにとって、酒の席でも職場の上下関係から抜けられないサラリーマンの飲み会が疎ましいのは当然のことである。

風通しの良い職場を作る上で、飲み会は現代のビジネス社会においても貴重である。ノミュニケーションは大いに勧められるべきだ。しかし現代流儀に従うのが良い。まず飲み会の席では仕事の話をしない、これが大前提。そして上司も一人の人間として、自分のプライバシーを語るのだ。つまり自分の処世観とか、生い立ち、趣味、家庭内のことを楽しく語るように心がける。若者にもそう仕向ける。

自分の子ども時代の社会環境を語れば、若者たちは新鮮な驚きを得るだろう。すると、若者たちもそれに呼応して自分を語り出すだろう。価値観が多様化している現代の若者の話は、仕事一筋の人間の話よりも興味深く、格好の話題を提供してくれるかもしれない。聞くに堪えるものであるかもしれない。

前項の「帰ってきた部下、途中から来た部下」たちは、さらに興味深い話題を提供してくれるだろう。飲み会の場を楽しい語らいの場とし、彼らとの会話の中から若手行員の知られざる一面を聞き出すことは、個人生活を含めた部下管理に大いに役立つだろう。

現代の上司は飲み会の場で主役を演じようとしてはならない。若手の話の聞き役に徹し、彼らに大いに語らせることが大切である。

15 部下評価のバランスシート

近代合理主義の開祖デカルトは、「要素還元主義」を提唱した。複雑なものごとを理解しようとするときは、それを構成する要素を可能な限り細かく分解（還元）し、それぞれの要素の本質を究めた上で再度全体を見るのが良いとする考え方である。この考え方が近代科学を大きく進歩させたと言われている。これは部下の評価にも応用できる。

部下の評価もデカルトにならい、部下の持つ様々な面、仕事上の成果と失敗、表面に現れている能力や取得資格とかの潜在能力、性格、知識とか経験、長所と欠点などを個別に検討し、それら個々の項目での評価点を計算、それの合計点数をもって評価とすると良い。

部下を全体的な印象で評価すると判断間違いを犯しやすい。例えば部下の業績を評価するとき、良い成績を上げた部下のマイナスは過小評価されやすく、その結果総合評価が過大になりやすい。平凡な実績を上げた部下に対しては、些細な失敗を必要以上に咎めやすく、総合評価を過小評価してしまうことがある。要素還元主義を借用すればその過ちが減る。

まず人物評価と業績評価をはっきり分ける。業績評価では、プラスの業績に何点、マイナスの業績（失敗や損害の発生）をマイナス何点と二つを別々に分けて評価し、その二つを足し合わせたものを評価点とするのだ。

すると業績の過大評価と失敗の過小評価の組み合わせで歪む評価、失敗をことさら大きく咎めながらさらに業績を過小評価するという、評価のバイアスを避けることができる。評価は、何事につけプラス何点マイナス何点の差し引きでするとよいのだ。

人物評価では部下の持つ様々な良い面を、流動資産と固定資産を分けて評価する。流動資産には実際に発揮している能力や業績を、固定資産としては潜在能力、知識や経験の蓄積、過去に上げた業績や組織への貢献、さらに組織人として見た長所などを計上する。流動負債には目に見えるマイナス評価項目、固定負債には性格的な短所などと分けて計上する。それぞれに評価点を与え、これで得た資産総点数から負債総点数を引いて部下の自己資本を算出する。この自己資本を部下の評価とするのだ。

この方法で計算された自己資本の額は、個別の資産負債項目の評点のつけ方に大きく左右されるため正確な評価にはなり得ない。しかし、評価要素に分解して個別に評価することは、公平な評価に一歩でも二歩でも近づくことができる部下評価の方法である。

こんな面倒な方法をすべての部下の評価に使えと言うのではない。印象評価では甲乙つけがたい部下がいたとき、その二人のどちらに高評価を与えるべきかの判断のときに使う、あるいはひいき目で見がちな部下、どうも評価できない部下がいたとき、自分の評価にバイアスがかかっていないかを検証するときに使うのだ。

16

過ちを咎めず対応を問う

トラブル発生は、部下教育最良の機会である。トラブルが発生するとすぐに「これは誰の責任か」と犯人探しに大声を上げる上司はどこにもいるものだ。だがその声はトラブルの原因を作った部下を委縮させ、それが言い訳や嘘を誘い、事実関係の把握を間違い、対応を誤ってかえってトラブルを大きくする原因となりやすい。

トラブル発生時の上司の言動は、部下全員の注目の的である。日頃は立派なことを言っている上司が、トラブルを前にしてあたふたして部下を叱責する姿は興ざめも甚だしい。上司の権威も日頃の部下教育も台無しである。逆に冷静かつ迅速に対応する上司は、部下の良き手本でもある。トラブル発生時の初動動作は、犯人探しではなくそのトラブルから生じるだろう被害や損害を的確に予見することだ。その読みが的中し、適切な処理によって損害を最小限に抑えられれば、「災い転じて福となす」。部下の上司に対する信頼が高まる。

トラブル発生時には支店長に、すでに述べた「二つの勇気」のどちらを発揮するかの選択の判断が求められる。先頭に立って処理に当たるべきか、部下たちの処理に任せて自分はじっと経過を大局的に見守っているほうが、より正しい処理につながるか。泰然として「行動しない」支店長の姿もまた部下の注目を惹くものである。

トラブルの原因を作った行員をその対応に向けての活動から排除することがある。針のむしろに座らされた思いにかられている張本人にとっては当然のこと、他の行員から見ても、これは傷口に塩をすり込む行為と映る。上司の人間的な冷たさを感じるのだ。人間誰しも自分が蒔いた種は、自分で刈り取りたいとの思いがある。どんな役割でも良い、何がしかのトラブル処理の仕事を与えるのが良い。

そしてその部下が、トラブル解決に何らかの貢献ができたとすれば、彼の心理的負担は軽減される。そして彼のその貢献を加味した上で、最終的にミスの責任を問うのだ。こうしたステップを踏むことでミスを犯した部下も、甘んじて自分に下された処分を受け入れるだろうし、トラブルの経験を糧に、彼はもう一段成長することになるだろう。

トラブル発生に至った事実関係、その対応と結果、そして処分、これらは支店長の口を通して行員全員に知らしめるべきである。それが他の行員の気を引き締める良き教訓ともなるし、再発防止への良き手立てにもなる。業務活動にトラブル発生はつきもの、これをミスした部下を処分して幕引きとしてはならない。トラブルは発生した瞬間から部下教育の道具をいろいろ提供してくれるものである。

とりわけトラブル処理にあたる支店長や責任者を部下の目から見れば、過ちを咎める者ではなく、対応を問われている者なのである。

17 部下の嘘を咎めない

全員が忙しく働く職場には、口には出しにくい行員たちの不満が渦巻いている。仕事が忙しすぎる。人手が足りないのに上は動いてくれない。商品内容がややこしすぎる。出来の悪い仲間がいる。そんな中でトラブルが発生すれば、そら見たことかと、責任を感じる以前に不満がうっ積し、些細なミスを厳しく咎められればその不満は倍加する。

こうした心理にある部下は、言い訳の一つも言いたくなる。上司に悪く思われたくない、厳しい叱責を避けたい気持ちもあるから、事実を自分に有利なように少し曲げる。これで上司は事実関係の正確な把握ができなくなる。部下のこの小さな嘘が原因となって処理を誤り、トラブルはさらに大きくなることもある。

部下に嘘をつかれることは実に不愉快である。部下になめられているという気持ちにさえなる。部下の報告に嘘が混じっていることが分かったとき、つい感情が爆発して強い叱責、ということにもなりやすい。しかしどんな場合であっても部下の嘘を強く叱責することは考えものである。良いことは何もない。銀行社会には悪意をもって嘘をつく行員はいない。嘘をつかざるを得なくなって嘘をつくのだ。その一つがこうした心理的葛藤からくるものであり、叱責は部下のうっぷんが増すだけ、叱責は部下指導にならない。

意識的につく嘘には裏にやむにやまれぬ事情があるものだ。これに叱責で対処すれば嘘が嘘を呼ぶ。部下の口ぶり表情からその裏を見抜き、叱るのでなく本人が事実をありのままに話すように導くのが正しい。事実を誤って捉えたために交じる嘘は、それが分かったとき本人は恐縮し、反省するから不注意を軽く咎めるだけで足りる。いずれのケースでも部下の嘘に叱責で対応するのは、指導にならない。部下の嘘に対しては泰然と構えるのが良い。

人間であれば誰しも自分のついた嘘には後ろめたさを持つものだ。「君の勘違いじゃないかね。もう一度そのときのことを思い出してみなさい」と部下に嘘の報告を撤回する逃げ道を与えれば、素直に嘘（脚色）を引っ込める。しかし厳しくこれを咎めれば、彼らを窮地に追い込み、部下は次の嘘を考えるようになる。

ミスを強く咎める厳しい上司は嘘つき部下を作りやすい。古人はこう言う。

> 小過をとがむるなかれ　ただ事を大切になさば可なり（荻生訓四）
> 寛《かん》なればすなわち衆を得（論語　陽貨六）

人間誰しも過ちは犯すものだ。仕事を大事にする心さえあれば、部下の小さな過ちは見逃してやることだ。広い心を持つ上司が部下の信望を得る。

18 ポジティブ思考を育てる

銀行は「金」という危険物を取り扱う「危険物取扱業者」である。厳しい職務規律が定められていて、さらに行員は規程集に書かれていない、様々な自己規制も求められている。だから、銀行社会では、安全第一という仕事の特性上、どうしても「ネガティブ思考」に傾きがちになる。部下指導も「べからず教育」が多い。

どの組織でも「攻め」と「守り」の適切なバランスが求められるが、銀行社会はそれがどうしても「守り」に傾きがちだ。ということは、「攻め」を意識した部下指導が求められるということでもある。組織力を高めるには、創意工夫を凝らす才覚、果敢な行動力、客をそらさない如才のなさを持つ行員たちを育てなくてはならない。「べからず教育」はこのような育てるべき資質を、むしろ殺してしまう方向に傾く危険がある。「ポジティブ思考」を促す部下教育とは。例えば、

「こうすることは問題だ」と諭すときには、「こういう方法もあるのではないか」と、部下の再考、新たなアイデア発想を促すのが良い。

「君のアイデアにはこの問題があるからダメだ」と却下するのではなく、「こうした問題点がクリアできれば、君の提案は採用できる」と部下の創意工夫の芽を摘まない。

「この条件が合わないから」というとき、「この条件が成就すれば良い」と再考を促す。「前例がないと」と指摘するのではなく、「君のアイデアを実践すれば良い前例を作ることになるかもしれない。それにはこの点を考え直したらどうか」と、部下の提案をまずは受け止め、さらに部下がそのアイデアを膨らませるよう仕向けるのだ。

「変わらずに生きたいのなら、変わらなくてはならない」という言葉がある。時代は常に変化している。その変化に対応して考え方や行動を変えなくてはいけない。これは現状維持を厳しく咎める言葉だ。銀行社会もしかり。ここ数十年の銀行社会は大きな変革を遂げた。その変革を一言で言うならば、業務の自由度が拡大する一方で、同時に厳しい行動規制が課されるようになったと言えるだろう。であるがゆえに銀行社会はあえてポジティブ思考にウエイトを置かなくてはならない。

ちなみに世の中を広く見渡すと、二十代、三十代の若者がアイデア発信して組織を引っ張り、四十の声を聞く頃には第一線を退かされるという企業も多い。銀行社会は経験がものを言うところであるから、それらの企業と同列には論ずることはできないが、若者をどんどん第一線に立たせて、彼らの創意工夫を業務推進に積極的に活用することは、変化の激しい現代に求められる銀行の経営姿勢ではないだろうか。彼らにポジティブ思考を植え付ける指導の工夫が望まれる。

19

部下教育の心理学

教育とは指導する側とされる側の、人と人との関わり合いである。だからそこには様々な心理的な葛藤が生じる。職場での部下指導は、「叱り」と「諭し」であるが、そのときの上司の何気ない素振り、使う言葉、声のトーンが違うだけでも、部下の受け止め方は違ってくる。感情的になって指導すれば、多くの部下は委縮するばかりである。「叱り」も「諭し」も努めて冷静に行わなくてはならない。

かといって冷静さを保ち言葉を選んで諭すと、むしろ部下に冷たい印象を与え、必要以上に部下の心理を圧迫することもある。部下の心理は微妙である。心の動きを敏感に察知し、相手の立場に立って指導を心がけることが部下指導の基本である。

上司側の「心理」の動きもまた、部下に大きな影響を与える。上司が部下指導をするとき、純粋に部下の成長を願って行うものばかりではないだろう。義務感あるいは部下指導での評価を得たい気持ち、責任回避の一手段、などといろいろである。そうした指導する側の心の持ち方が、態度や言葉遣い、声のトーンに反映し、部下は上司の心の内を敏感に感じ取り、時にはそれが正しい部下教育を妨げる。

教育を支える基盤は教育される側への深い愛情であり、それがあれば、部下教育のテクニックを論ずる必要性は薄い。仕事の指導を通じて上司と部下の間に師弟愛が芽生える例も無数にある。しかしこれを一般的に広く上司と部下の関係に期待することはできない。また愛情を込めて指導した部下が大きく成長して部下から感謝されることもあれば、反対に期待し目をかけていた部下から裏切られることもあるかもしれない。だが、人を教える立場に立つと、教えられる側から教えられることが、いかに多いかを知ることができる。この意味からも部下教育は自分のためになるのである。

本章が目指したことは、部下にポジティブな心理状態をもたらすと思われる部下指導のテクニック、あるいはヒントを思いつくままに書くことであった。

ここに書かれたことは部下指導のマニュアルではない。すべての部下に通じる指導方法でもない。指導法が適切かどうかは指導側とされる側の相性に大きく関わってくるからである。そもそも部下指導の在り方は各論である。読者諸氏にはここに書かれた記述の中から、ご自身に参考になりそうな部分だけを切り取って、目の前にいる部下の教育に役立たせていただければ幸いである。

20
荻生徂徠の教え

ここでは随所に引用した「徂徠訓」の全文を掲載し、読者の便を図ることとする。

徂徠訓

一つ　人の長所を、初めより知らんと求むべからず
　人を用いて初めて、長所の現るるものなり
二つ　人はその長所のみを取らば、すなわち可なり　短所を知るは要せず
三つ　おのれが好みに合う者のみを用うるなかれ
四つ　小過を、とがむるなかれ　ただ事を大切になさば可なり
五つ　用うる上は信頼し、十分にゆだねるべし
六つ　上にある者、下にある者と才知を争う事なかれ
七つ　人材は必ず一癖あるものと知るべし
　但し、その癖は器材なるがゆえに、癖を捨てるべからず
八つ　かくして、上手に人を用うれば、事に適し、時に応ずる人物、必ずこれにあり
九つ　小事を気にせず、流れる雲のごとし

第三章　社会環境が生む

「指示待ち人間」

現代の組織社会の最大の悩みに、「指示待ち人間」の問題があることは、多くの企業の現場において指摘されている。特に若手社員にその傾向が強いと言われる。

彼らはしばしば宇宙人と呼ばれるように、年長者たちには理解しがたい価値観を持っていて、職場生活でもこれまでの組織人とはものごとの優先順位付けが違う。自由闊達で明るく、仲間社会では如才なく周囲と付き合えても、厳しい上下関係が存在する組織社会に適応できないことも特徴の一つである。縦社会における自分の位置づけが理解できないのだ。

上司の指示命令を解釈するということがない。指示には素直に従うが、それ以上でも以下でもない。指示されたことをやることが、仕事だと考えている。組織の活力は、少しばかりやんちゃでも、羽目外しでも、自ら考え行動する社員集団が生み出すものだが、彼らにはそうした気質も見えない。こんな社員が次第に社内に増えていくようだ。

これは人事部の採用方針に問題があるのだろうか。いやよその会社の話を聞いても似たり寄ったりだ。ということはどうも、問題の根源は現代の若者の価値観を育んだ社会環境にあるのではなかろうか。現代の若者の成育環境に問題の所在を探れば、なぜ若者に指示待ちタイプが多いのかが見えてくるかも知れない。

1 学窓を巣立つまでの宇宙人

少子化時代に生まれた現代の若者は、親の過保護のもとに育てられている。子どもが少ない分兄弟間の軋轢も少なく、子ども心に抱えた悩みも自分で解決する前に親が解決してしまう。自立心が育くまれにくい子ども時代を過ごしてきたと言えるだろう。

地域との関わりが希薄な中で育ったことも、現代の若者の特徴である。近所のおじさん、おばさん、お兄さん、お姉さんとの交流の場がほとんどなく、ガキ大将とも縁が薄い。だから親以外の他人に叱られた機会がほとんどない。いたずらをしたわが子を他人が叱ると、親はそれに反発して子どもをかばう。そんな子ども時代を経ているのが一般的である。

小学校、中学校には、厳しく指導をする教職者が少なくなっている。教師の厳しい指導が、親の強い反発を招くことが多いからだ。運動会の個人種目の華、徒競走では順位をつけない小学校が少なからずある。順位つけは子どもの差別につながるなどとトンチンカンなことを言う親がいるからだ。教育のなんたるかを知らない、わが子かわいさのあまり目先のことにばかりに囚われている親たちが、教育の現場に口をさしはさむのである。

そんな親たちは、学校や教師の教育方針に少しでも不満を感じると、教育委員会に訴え出る。教育委員会は概して親の立場に立つものだから、学校側は教育の本質を理解しない親の要望さえも受け入れざるを得ない。親が理不尽なのか学校が弱腰なのか。親に対しては正しい子どもの教育の在り方を理解してもらいたいし、学校には教育の本質が理解できない親に対して毅然とした対応をしてほしいものだ。このような状況がもたらす教育上の弊害は厳しい指導をする怖い先生、子どもを叱る先生が敬遠されやすいことである。そして現場の教師たちは、苦肉の策として児童生徒たちと友だち関係を結ぶことに専念する。

高校、大学と進学しても、そこには生徒や学生と友だち感覚で付き合うのが良いと考える教師や教授が多い。それはそれで必ずしも悪いことではないし、学生もそれを歓迎するから、教育の世界から「厳しい指導」の言葉が消えていくのだ。

先般東大と京大が推薦入試制度を導入すると発表した。これらの超一流大学に合格する学生には、小さな頃から家庭教師につき、学習塾で受験術をしっかり伝授された若者が多いようで、自分で苦労して受験勉強の方法を考える習慣がない。だが大学には、家庭教師や塾講師のような、分かりやすく懇切丁寧に講義する教授は例外的にしかいない。専門課程に進めば、自主的に研究を進めなくてはならない。教授からアドバイスはもらえてもテーマは自分で決め、自分で研究の方法を見つけ出さなくてはならないのだ。

そのような大学の教育環境に適合できる学生がどんどん少なくなってきている。このままでは研究機関としての大学の存続の危機がやってくる。そんな問題意識から特異な才能を持ち自ら考える学生を集めるには、推薦制度しかないと結論づけたらしい。

　東大生の子ども時代の一般的イメージは、小さな頃から周囲に抜きん出て頭が良い上に、知識欲と好奇心が旺盛で、学校の授業をどんどん飛ばして自分で先に勉強する子、学校の授業に飽き足らず幅広くかつ貪欲に知識を吸収する子どもである。

　もともと頭が飛び抜けて良い上にそうした勉強スタイルだから、受験科目数の多い東大や京大でも難なく合格する。高校時代、大学教養課程までの勉強で寄り道が多かった分だけ、彼らは知識の幅も広く、知的好奇心も発想も豊かだ。それが専門課程に進んで真価が発揮されるのである。かつての一流大学にはこのような学生ばかりがいた。だがどうも現代の東大生の多くは、そうではないらしい。

　知力を高めるには寄り道、道草の多い勉強が必要である。しかし家庭教師や学習塾を経由して大学合格を果たした学生たちは、寄り道も回り道もせず、彼らの指導の下に、まっしぐらに受験街道を進んできた。受け身の勉強に慣れ親しんできた。だが大学とは教えてくれるところではなく、学び取るところである。受け身の勉強姿勢は通用しない。

　ちなみに数年前、高校での未履修問題が騒がれたことがある。多くの高校で学習指導要領を無視し、受験科目しか勉強させない例が数多く存在することが明るみに出た事件である。それが私立高校だけではなく公立高校にも多く見られたというのだ。

　これが示すことは東大や京大を目指す学生に限らず、大学に合格する高校生たちは、すべからく「その道一筋の受験勉強」しかしていないということだ。辞書がなくても図書館に通わなくても、知りたいことはインターネットで簡単に知ることができる。これまた寄り道も道草もしない学生を作っている。頭は良くても、大学受験に成功しても、寄り道、回り道勉強の経験に乏しければ、いざ実社会に出たとき、野中の一本杉のような弱い知力で戦わなくてはならない。しかもビジネス社会には、家庭教師や塾講師のような、懇切丁寧に指導してくれる上司先輩はいないわけではないが稀である。

親たちの多くは超一流大学に合格することが幸せをつかむ道だと考えている。だからわが子の将来の幸福を願うあまり、家庭教師をつけ、学習塾通いをさせ、さらに子どもの尻を叩き、寄り道を許さないなど、教育投資に血道をあげわが子の素人受験コーチ役を演じている。しかし、受験街道一直線で合格した学生は、今や大学からも敬遠され始めているのだ。ましてやビジネス社会は、どんなに優秀な素材であっても、家庭教師や学習塾のように手取り足取り教えなければ力を発揮できない人間を歓迎することはない。彼らが自立した社会人となったとき、競争社会を生き抜いて成功を収める確率は低い。

超一流大学出の肩書は、企業の採用試験の場で有利なことは間違いない。しかしその肩書がビジネスマンとしても有利と考えるのは早計である。言うなれば、一流大学の卒業証書を提示すれば、新幹線の切符をやすやすと手に入れることはできるが、それで手に入れた切符は自由席券でしかない。グリーン席券でもなければ指定席券でもないのだ。

昔も今も実社会は能力主義社会である。仮に親が期待したとおりに一流企業という新幹線に乗れたとしても、出世街道を歩みたければ、自分の力で指定席を確保する席取り競争に打ち勝たなければならない。ところが企業社会では指定席はいつも満席である。しかもデッキに立ったままの乗客も待ち構えている。席取り競争に勝とうとする強い意志がなければ、立ったまま目的地まで行かなくてはならない。そしてそのうちに疲れ果てることになる。

有名大学卒の肩書きを持ち頭も決して悪くないから仕事も早く覚え、上司の指示を適切にこなせるから上司の覚えも悪くなく、管理職登用の関門はパスできるだろう。だが管理職ともなれば、上の指示を仰がずに自ら行動しなくてはならないことも多いし、部下の統率という人間関係の調整役も果たさなくてはならない。だが、その方法を教えてくれる人はいない。管理職を的確にこなすためには、他人の知恵を盗み取らなくてはならないのだ。ところが、受験街道まっしぐらだった一流大学卒は、自分から進んで人に教えを乞い、他人の知恵を盗み取るという姿勢に乏しい。

だから一流大学を卒業したが故にかえって、管理職になってからずっこける人々がどの企業にも少なからず生まれるのだ。こうして平社員時代の「有能な社員」という評価は、守りばかりに汲々とする「頼りない管理職」というレッテルに張り替えられてしまう。

2 現代企業社会の風潮

平成バブルが崩壊してからはや四半世紀が過ぎた。この二十五年間、日本のビジネス社会は経済の長期低迷を受け、現状維持に汲々としてきた。国策もまた環境問題や福祉の充実に力点を置き、国力の強化とか、経済発展に向けた政策の影が薄いという時代が続いた。国全体が革新、改革、発展という活力をそがされ、ビジネス社会には逼塞感が蔓延し、日本の企業からかつての活力が失われた。

そしてビジネスマンたちからは、右肩上がり経済の時代の競争に勝てば先に進める、地位も給料も上がるといった、前に向かっての競争に挑戦する意欲が失せていった。長引く不況の中で、リストラの対象にされないよう、ミスを恐れて仕事を確実にこなし、有能でなくても有用な社員と会社から認められるよう、大それたことはせず「そこそこ」の業績を上げることに汲々とするビジネスマンたち。それも無理からない時代が続いたのである。

「イクメンパパ」は現代の流行語の一つである。父親がわが子の教育に強い関心を持つようになってきたのだ。いやそれを心から楽しむビジネスマンが多くなってきている。だから今日、幼稚園や小学校の入学式に、有給休暇を取って参加するパパが多い。

ダブルインカム家庭もかつてと比べてずいぶん多くなった。妻と家事の負担を分け合うのが当然という共稼ぎ夫婦も多い。現代の若いパパたちには、家庭生活の中に人生の楽しみを見つけ、それを人生の中心に置き、仕事はそこそこと考える人が多くなってきている。だから彼らの多くは職場においては指示された仕事しかせず、家庭生活が犠牲になるくらいなら昇進などしなくて良いと考えている。「仕事こそわが人生」などとは、決して考えない。

銀行社会にはもう一つ、「指示待ち人間」問題にかかわる問題がある。バブル時代の銀行行動、そしてそれに続く不良債権の処理、さらに経営の抜本的立て直しの過程で、貸し渋り貸しはがしが社会問題になった。そしてバブル崩壊以降十年以上にわたって、金融業界は世間の糾弾を浴び続けた。それに加えて行員による不正の頻発と金融機関を舞台にした犯罪の多発。そして、金融機関の監督強化のために金融庁が発足した。当然のこととして金融庁はコンプライアンス完璧主義を徹底させた。

銀行社会には厳しい規制が課せられ、それを守ることを最優先せざるを得なくなった。今銀行社会から、創意工夫とか改革、革新の言葉が消えつつある。晴れて銀行に入った若者が、仕事以外に生きがいを持ち、そこそこ主義を通す先輩、規則にがんじがらめにされながら仕事をする先輩の姿を見て、どう思うだろうか。こうした状態こそまさに「指示待ち人間」を育てる温床以外の何物でもないのではないだろうか。

3 銀行を志望する若者たち

銀行業は、チャレンジングな職業というより、安定した職業であることが、若者にとっての魅力ポイントに映っているようだ。だから厳しい競争に耐え、競争に打ち勝って高い地位を得ようと考えるよりも、安定した仕事を求める若者が銀行の門を叩く傾向が強い。だとすれば銀行を志望する若者が、強い上昇志向を持ち、自ら進んで仕事に挑戦し、仲間との競争に打ち勝つ精神的強さを持ち合わせているとは考えにくい。

親の庇護をたっぷり受けて育ったから性格は素直で従順、そして明るい。小学校の運動会の徒競走では全員が一等賞、家庭でも学校でも友だちと争った経験が少ない。教師や教授とは友だち感覚で付き合ってきたから縦社会の厳しさを経験していない。人を押しのけてでも前に進む、というぎすぎすしたところもない。だが自己主張とはやや趣は異なるが、自己表現が上手で誰とも友だち感覚で接することができ、他人に接して如才がない。そんな若者の中の一部の上澄み層が銀行への就職を希望する。

一方銀行は、明るく従順で言語明瞭、組織社会に溶け込める協調性ある人材を求めている。つまり銀行を志望する若者と、銀行が期待する人材は、ほぼ一致しているのである。唯一の相違点は、採用側が「組織適合性がある」と考える人材は、銀行に入ればよく規則を守り、同僚といさかいも起こさずに仕事環境にやすやすと溶け込み、厳しい職場の上下関係にも適合できる人材と考えているのに対し、採用される側の若者は、自己表現が得意で、周囲の人とうまく付き合えることが、「組織適合性がある」と評価されるだろうと単純に考えていることである。

こうして選抜された若者は、職場の上司は学校時代の先生のように、親切で仕事を手取り足取り教えてくれる人で、その言うことを素直に聞き、友だち感覚で接すれば良いと考える。仕事のノウハウは上司や先輩から叱られながら、自分で学び取るものなどとは考えもしないのだ。叱られればしゅんとなるだけである。いや若者によっては上司の「叱り」と言う指導に対し、「私は今まで親以外の他人に、叱られたことはありません」と反発する若者が現にいることも報告されているのである。こうして見ると銀行の一般的採用基準は、「指示待ち人間」化しやすい人材を優先していると言えないだろうか。

新人の採用に当たっては、話し上手で明るい性格、従順そうな印象を与える新人よりも、目をキラキラ輝かせた、精悍で銀行の枠を踏み外しそうな危険さえ感じる人材を優先して取るほうが、間違いが少ないと言えるだろう。銀行に応募してくる現代の若者には、良くも悪くも、他人と軋轢《あつれき》を起こすとか、羽目を外して暴走を始めるようなタイプはほとんどいないと考えてよいからだ。いささか寂しい話ではあるが、これが現代の若者銀行員なのだ。

4 宇宙人にどう対処するか

縦社会の経験がある人間なら、他人から「叱られる」とは、「教えを受ける」ことであることを知っている。だから「叱り」からいろいろ学ぶし、教師や上司に尊敬の念を持つ。だが現代の若者は、他人から叱られた経験がほとんどない一方で、横の関係でも縦の関係においても、人と如才なく付き合うことができる長所を持っている。だから職場の上司に対してもかつて教えを受けた教師のように、友だち感覚で接しようとするのである。

職場の上司は、指導教育者であると同時に、指示、命令者である。指示し、命令し叱ることを通して、若者を一人前の組織人に育てようと考える。自分自身も叱られながら成長してきた経験を持っている。だから上司の叱り（上司である当の本人は、これは指導だと思い込んでいる）に対する、若者の思いもかけない反応に当惑するのだ。一方叱られ慣れていない若者たちは、上司が想像する以上に他人からの「叱り」に困惑するのである。

彼らはかつて教えを受けた学校の教師と同じように職場の上司を捉え、懇切丁寧な指導を期待する。ところが現実の上司は、早く一人前にしたいとばかり、時には声を荒げて叱責する。若者が職場の上司に期待するものと、上司の若者に対する接し方とには、大きなギャップが存在するのである。若者は職場における「叱り」に対する免疫も理解もない。

銀行社会に限らず、現代日本企業には、過去の採用政策のツケからくる、社員の年齢構成が、「中抜きピラミッド構造」になっているという問題がある。中間管理層と若年行員の間を埋める、新人たちにとって兄貴分、姉貴分となる行員の層が極端に薄いのだ。

正ピラミッド構造であれば、年の離れた上司と若者の間に立って、若者に近い目線を持ち、彼らを時には叱咤激励し、行動をもって組織の論理を教え、また時には慰め役となる、先輩や兄貴分あるいは姉貴分が必ずいる。だが今支店の現場にはそうした行員がいてもわずかである。となれば叱られ慣れていない上に、「叱られる」ことの意味を教えられる機会が少ない若者たちが、「指示待ち人間」状態を脱し切れないのも道理である。

加えて数年前から団塊の世代層が次々と退職し、どの銀行でもその穴を埋めるために新人採用を増やしている。その結果支店の現場では、若手行員ばかりが増え、彼らの指導役となるべき中堅層が少なく、中間管理層の負担ばかりが増している。若手の教育どころか、彼らを自分の手足として使うのに精いっぱいというのが現実である。

このような現場の実態も、「指示待ち人間」を増やす原因となっている。この現実から導き出される唯一の答えは、現代の若者に対しては、彼らにふさわしい教育指導、とりわけ「叱り」という指導に工夫が必要であろうということである。この「叱り方」についてはのちに詳述することとする。

5 新入行員を迎える言葉

ここまで現代の若者がどのような生育環境を経験し、どのような銀行の採用基準をパスしてきたかについて考察した。ここではそれを踏まえ、銀行員として社会人生活のスタートを切ろうとしている新人たちに対する、適切な「訓話」は何かについて考えてみる。

新入行員の導入教育では、銀行の社会的役割、自行の業務方針、そして実務の基礎知識などを教えるのが一般的である。しかしここまで見てきたように、現代の若者は、旧人類とは価値観を異にしている。極論すれば社会とはどんなところなのかも知らないのである。組織には厳しい上下関係がつきものであることも知らない。職場の先輩たちは学校教師のように、新人の自分をやさしく指導してくれる人とさえ考えている。

だから彼らに対しては、銀行員としての心構えを諭す前に、社会人、組織人としての心構えを説く必要がある。それは社会人としての「自己責任原則」と組織人としての自分の「立ち位置の認識」について自覚を促すことである。

加えて銀行の場合、一般企業勤務とは違う、個人生活面での「自己管理」も求められていることも、新入行員に説いて聞かせる必要がある。ここである金融機関で行われている新入行員集合研修での「新人訓話」をその一例として紹介する。

新人訓話

はじめに

皆さんは本日当銀行に就職し、銀行マンとしての第一歩を踏み出しました。この集合研修で皆さんは、銀行業の社会的役割から始まり、金融業界や当銀行の歴史や現状、さらに銀行マンとしての心構え、そして銀行の実務の基礎を学ぶことになります。誰もが早く仕事を覚えたい、早く一人前の銀行員になりたいと考えていることでしょう。しかし忘れてはならないことは、皆さんは今日から一人の社会人としての生活をスタートさせたことです。社会生活はこれまでの学窓での生活とはいろいろな意味で大きく違います。

そこでまず最初に、「社会人になるということの意味」、つまり学生社会と実社会ではどこがどのように違うのか、これについてお話しをします。そして次は「勤め人になることの意味」についてお話しします。ビジネス社会とはどんなものか、テレビドラマとか映画などを通じて皆さんは知っているつもりかもしれませんが、その多くは虚像です。さらに「銀行員という職業に就くことの意味」についてお話しします。そして最後に自己管理について、もちろん「銀行員としてふさわしい自己管理」ということになりますが、それをお話しします。よく胸に手を当て、参考になるところはないか、しっかり耳を澄ませてください。

① 社会人になることの意味

まず社会は恐ろしいところだということを自覚し、それに対する備えあるいは心構えを胸の中に叩き込んでいただきたいのです。それは社会とは、

「君の代わりはいくらでもいると言われかねない」

「正しいと思っているのは自分だけかもしれないということになりかねない」

「他人は自分の本当の欠点を指摘してくれない」ところだということです。

「君の代わりはいくらでもいる」

皆さんはこれまで家族生活、学生生活という濃密な人間関係の中で生活をしてきました。こうした輪の中にいますと、あなたが病気になれば周りの人は心配してくれますし、苦境に陥れば助けてくれる人もいました。

それは家族や友だちにとって、あなたは「かけがえのない人間」だからです。あなた自身家族や仲間が困っているときには、彼らに助けの手を差し伸べてきたでしょう。互いに助け合う人間関係の存在、それを当然のことと考えてきたのではないでしょうか。

ところが社会には今までと同じような濃密な人間関係はありません。あなたが病気になっても、周囲の人々は通り一遍の心配はしてくれるでしょう。しかし本心では自己管理が甘いからだと、批判しているかもしれません。あなたが苦境に陥っても、同情はしてくれるでし

ょう。しかし親身に救いの手を差し伸べてくれることは期待できません。面倒な他人ごとに首を突っ込んでいいことは何もない、と考えるのが普通の社会人です。

というのも社会というところには、「君の代わりはいくらでもいる」からです。あなたがいなくなっても、ましてや新人のあなたがいなくなっても、あなたの代わりをする人がいくらでもいますから、周囲の人は別に困らないのです。社会とはこのように恐ろしいところなのです。

では先輩たちはそれにどう対応どうしているのでしょうか。賢明な先輩たちは周囲から、

「仕事がよくできて貴重な戦力だ」

「何でもよく知っているから助かる」

「困っているとすぐ助けの手を差し伸べてくれる」

「彼のおかげで職場が明るい」など言われるように努力をしています。これが社会の恐ろしさ、「君の代わりはいくらでもいる」から逃れることができる方法なのです。しかし、新人の皆さんが仕事で周りから頼りにされる人になることはすぐには無理です。

職場を明るくする役を演じよう、と考えたとしても回りはすべて初め出会う人ばかり、先輩たちからどう見られるかも分からない。これも難しい。こう考えたとしても無理ありません。しかしそれは心配するほど難しいことではありません。その秘訣は「笑顔と挨拶」を心がけることです。

出社時には大きな声で朝の挨拶をする。指導を受けたら「ありがとうございました」「分かりました」「またよろしくお願いします」、帰りがけには「お疲れさまでした」「お先に失礼します」、そして仕事を命ぜられたときは「はい」と大きな声を出し、明るい笑顔でそれを受ける。たったこれだけのことで、あなたを見る先輩たちの目はずいぶん違ってきます。あなたの挨拶の声が店内に響けば、気難しそうな先輩のほほも自然と緩み、職場が明るくなります。そうしたあなたを上司や先輩たちが嫌うはずはありません。いや新人らしくはつらつとして、ういういしくて、と歓迎してくれるでしょう。

銀行の職場は忙しい上に間違いを許さない緊張感に溢れていて、どうしてもぎすぎすした空気が漂いがちです。そんな中ではつらつとして明るい職場づくりを目指す上司たちにとって、大きな声で挨拶をする新人は、たいへん貴重な存在です。日々の仕事で忙しく立ち働いているため、つい挨拶がおろそかになりがちだった先輩たちが新人のあなたを見習うようになるかもしれません。そして明るく大きな声で挨拶する新人のあなたは、すぐに貴重な存在に、言うならば職場で「かけがえのない行員」になることができるのです。

「正しいと思っているのは自分だけかもしれない」

家族との対話や親しい友だちとの対話では、自分の言ったことに対して、遠慮会釈なしにどんどん反論が返ってきました。そしてあなたは反論されてもそれを比較的冷静に受け止めて、自分の考えを修正することができたでしょう。

しかし社会に出ると、仕事の上では当然間違った意見に対しては厳しい反論が返ってくるでしょうが、仕事以外のことについては、あなたが間違ったことを言っても、他人はなかなか率直に反論をしてはくれません。社会人一年生の新人の間であれば、間違いを正してくれることもあるでしょうが、それはわずかの間だけです。

あなたが間違った意見を言ったとき、他人はどう反応するか。まず黙殺されます。しかも時には他人はそれにうなずいたり、相槌を打つことさえもあります。家族や友人となら議論になり険悪になっても、関係を修復することは容易です。しかし社会では他人と言い合いになり気まずい空気が流れたとき、その気まずさから来る人間関係のギクシャクを修復するチャンスは、なかなか巡ってはきません。社会人はそれを知っていますから、人間関係が気まずくなることを避けようとする、つまり相手の意見に反対のときでも、それが間違っていても、あえてそれを口に出そうとせず、批判は腹の中に収めたり、相手の意見を聞き流してしまうのです。

ですから社会に出たら、自分の意見に対して周囲から反論を受けないからと言って、自分の意見は正しい、あるいは受け入れられたと考えるのは危険です。そんな早とちりを繰り返せば、どんどん独りよがりになり、そしていつしか周囲の人から「モノが分かっていない子だね」などと陰に回って批判されたり、敬遠されるようになります。学生時代にもこうして周囲からうとまれ、孤立した友人を何人も見てきたかもしれませんね。

社会に出て職場の一員となると、求められることは「集団の和」を乱さないことです。周囲から敬遠される人は、その集団の和を乱す人です。そのような人はいずれ「君の代わりはいくらでもいる」と言われる人になっていくでしょう。

ではこの恐怖から逃れる方法はあるのでしょうか。大丈夫、魔法の言葉があります。それは「私はこう思いますが、どうでしょうか」です。この言葉が相手の好感を呼び、人は比較的気安く間違いを指摘してくれます。そしてさらに人から指摘されたら、まずそれを素直に受け止め、自分の考えを修正すべきか否かを考えるのです。こうした言動を他人の目から見れば、話しやすい相手、あるいは議論しやすい相手ということになります。

賢明な上司であれば職場で問題が起こったとき、「新人の目から見てこの問題をどう受け止めるかね」などと語りかけてくれるかもしれません。こうしてあなたは、議論の輪に受け入れられやすい人となり、独りよがりの危険を避けられるようになります。

「他人は自分の本当の欠点を指摘してはくれない」

これまでの皆さんは何のわだかまりもなく腹を割って話し合える家族や親友に囲まれていて、彼らは率直にあなたの欠点を指摘してくれたでしょう。あなたもそれを率直に受け入れることもできたでしょう。そしてこうしたことが自分を客観的に見つめるきっかけとなってきたはずです。

ところが社会の中では他人の欠点を面と向かって指摘する人はほとんどいません。人はよほどのことがない限り、他人の持つ本質的な欠点を、面と向かって指摘することはしません。人は誰しも自分の持つ欠点を他人から指摘されることを嫌がります。ましてやそれが自分の本質的欠点を突いたものであれば、おそらくたいていの人は相手と冷戦状態になるでしょう。大人である社会人はそのことをよく知っています。

ですから仮にあなたを評価してくれる上司や先輩がいたとしても、あなたの本質的欠点まで指摘して指導はしてくれないでしょう。たとえ相手が目下の人間であっても、同じ職場の中に気まずい思いをする人がいるのは誰も嫌なものだからです。

社会に出たら、家族や親友のように自分の本当の欠点を指摘してくれる人はいないと覚悟し、自分を周囲に溶け込ませ良好な人間関係を保ちたいのであれば、いつも自分の考え方、行動が他人の目にどう映っているか、客観的な目で自分を観察することが必要なのです。

②　組織人になることの意味

あなたのもらう給料は親の仕送りとは違います。給料はあなたが働いた仕事の見返りです。特に新人のうちは、自分は給料分だけ職場に貢献できているだろうか、と自分に問いかける謙虚さを持ちましょう。間違いなく新人のあなたの給料はもらい過ぎです。

健康を害したとき、けがをして長期間休んだとき、親ならそれにかかった費用を仕送りしてくれるでしょうが、勤め人の場合はボーナスが減り、そのうちに給料も減っていきます。健康管理に努め、けがをしないよう注意深い生活を心がけましょう。健康管理は自分にとっても、職場の仲間にとっても大切なことです。

仮に風邪をひいて高い熱が出たために欠勤せざるを得なくなったとしても、職場に迷惑をかけることに変わりはありません。健康管理がなっていないと非難されるだけです。有給休暇を使うのだから良いではないかという言い訳は通用しません。有給休暇も健康管理を考えながら計画的に使うようにしましょう。

そして毎月いただく給料の明細書は一枚もなくさず取っておくことを勧めます。十年後、二十年後、さらに三十年後、そんな節目の時期に給与明細書の束を見返してみましょう。給与明細書はあなたがサラリーマンとして歩んだ道に残された足跡なのです。

雑用の効用　配属先の椅子に座ると、新人の皆さんは早く業務の内容を知って仕事ができるようになりたいと気持ちがはやることでしょう。しかし新人に回ってくる仕事は雑用です。コピー取り、書類の整理、掃除やぞうきんがけ、来客へのお茶出しなどもやらされることもあるでしょう。早く仕事を覚えたいと意気込んでいる皆さんには不満かもしれません。しかし雑用を進んで引き受けることは、新人の皆さんにとって早く職場の仲間に入れてもらえるチャンスですし、それより何よりも実務の知識を吸収する良い機会になります。

ある中央官庁では国家公務員上級試験で最も成績上位の新人は、官房総務課という、省内を取り仕切る枢要な部署に配属されることが決まりになっています。ところがそこで与えられる仕事はコピー取り、各局の各課への書類の配布など、すべて雑用ばかりです。しかしこの雑用が新人を育てるのです。

官房総務課には、各部局が作成した政策に関する文書で、対外的なものはすべて集まってきます。新人たちはそれらの文書をコピーをするときに、その内容を見ることができます。各部局に文書を配布する際には省内の多くの人たちと接します。つまり、新人は官房総務課の雑用係になることで、省全体の動きや省内の枢要な人々を自然に知ることができるのです。ですから他の同期生の誰よりも早く、省内の事情に明るくなります。それから同期生に一年遅れで正式な配属先が決まり実務につきます。こうした経験を持つ人がしばらくして同期生の中でも頭角を現すだろうことは想像に難くありません。

この実例は「雑用の効用」を語る実に示唆に富むものですね。

銀行社会に限らず、有能と言われる社員は必ず雑用上手、実に手際よくてきぱきとこなします。雑用には特に細かい手順を定めたマニュアルがあるわけでもなく、上司や先輩から細かい指示が出るわけではありません。

ということは雑用をするには、自分なりに手順を考え、効率よくこなす方法を考え出すという知的な作業が含まれているということなのです。来客にお茶出しを命ぜられることもあるでしょう。それを嫌がらずに丁寧にこなせばお客様から、「おや、君は新人だね。どこの学校を出たの、どうして銀行に入ったの」などと声をかけられるかもしれません。そして話が弾む。これは人との出会いです。あなたの応対次第ではお客様はあなたに関心を示し、それが縁となって、将来あなたの仕事に役立ってくれる人になるかもしれません。お客様との出会いを大切にすることは、サービス業である銀行員に、最も大切なことなのです。

雑用のコツ　雑用は仕事を覚えるチャンスと指示されたときは喜んでそれを受けましょう。気持ちよく指示に従う新人は、雑用を命ずる側も仕事を頼みやすくなります。頼みやすい新人にはより多くの雑用が回ってきますから、仕事を覚えるチャンスがより多くなります。

新人に与えられる雑用には、失敗しても致命的になるようなものはありません。積極的に雑用に挑戦することに、何の不安も感じる必要はありません。ただし雑用を急いでやろうと焦ってはなりません。時間が余分にかかっても、丁寧にかつ正確にこなしましょう。時間がかかっても許されることは新人の特権です。しかし銀行ではどんな仕事でも、誰がやるにしても、不正確であることは許されません。

もし手持無沙汰になったら、何かお手伝いすることはありませんか、と持ちかけることが大切です。こう声を出せる新人は、ことのほか先輩上司に好感を持たれます。そして仕事を早く覚え、新人ながらも早い機会に職場の「かけがえのない人間」になることでしょう。

職場の先輩たちにとって、新入行員は仕事ができない、教えるのに手間がかかるなどお荷物です。しかし新人には上司や先輩が当然と思っていることに、新鮮な疑問を持つことができるという特権があります。新鮮な疑問は新鮮な新人のときにしか思いつきません。何も分からない新人のくせに、と言われないかなどと思わないで、率直に口に出してみましょう。先輩からむしろそれを歓迎され先輩の話が自分の勉強にもなります。

どの職場にも「わが社の常識は世間の非常識」があります。特に銀行には長い伝統に培われた、様々な規則が設けられていて、トラブルの防止に努めています。しかしその中には過剰と思われる規則もありますし、時代の流れとともに通用しなくなっている規則もあります。長年会社に勤めてきた人にとっては当たり前の規則つまり「わが社の常識」が、時には世間の目から見たら「世間の非常識」になっていることもあります。

銀行でも同じこと上司や先輩たちは長年規則を当たり前のものとして仕事をしています。ですからむしろ新人のほうが「この規則おかしいな」と感じ取ることができます。そのときは先輩に疑問を投げかけてみましょう。新人らしい素直な疑問が、規則の改正につながることもあるかもしれませんし、それがきっかけになって規則の意味を教えられることもあります。新人の特権は分からないことを先輩上司に聞いても叱られない、です。

小さな体験　私が新入行員として配属された支店は、秋に店舗移転を控えていました。実務研修にもようやく慣れて、あまり冷や汗をかかなくなった頃のこと、突然上司から地下書庫の文書類の整理を命ぜられました。棚にぎっしり詰まった書類を引っ越し時に散逸しないよう、文書の種類ごとに段ボールに箱詰めする、実に単純な作業です。当然私は大不満でした。楽しかったことと言えば、真夏にもかかわらず地下書庫は涼しかったこと、誰も人が入ってこないから好き勝手にマイペースで仕事ができたことくらいでしょうか。

八月、九月の二ヵ月間、私はただ一人地下書庫に潜って、来る日も来る日も文書整理をしました。仕事を始めてしばらくして、自分は実に貴重な体験をしていることに気がつきました。ボールペンどころかインクペン書きの当座預金帳簿、取引先との融資交渉の経緯が書かれた融資の稟議書ファイル、あて名が筆書きの使用済み定期預金証書、総務関係の古い書類、目の前にあるのは支店二十年の歴史でした。

他人の目がないのをいいことに、稟議書をぱらぱらめくって面白そうな記述を見つけると、仕事の手を休めてその内容を読みました。取引先との交渉経緯が見えてきました。これも支店の隠れた歴史の一端です。二ヵ月ほどかかった文書整理が終わる頃には、私は先輩どころか上司も知らない支店の歴史「通」になりました。

③　銀行員としての心構え

銀行に最も大切なことは「顧客の信用」です。そしてその信用の源泉は行員一人ひとりが「正確な事務処理手続きを守る」ことと厳格な「秘密の保持」です。さらに銀行業はサービス業ですから、顧客に「安心感と満足感を与える」ことも大切です。

正確な事務処理
銀行には長年の業務の積み重ねから生まれた、「事務処理手順」が定められています。その中には、新人の皆さんが「なぜこんな面倒な手順なのか」と疑問に思うものがいくつもあるでしょう。しかしその手順は「正確性を確保しながら迅速に処理する方法」として考え出されたものです。なるべく早くその手順を自分のものとしてください。

面前再鑑　お札を数えるときの原則です。お札はお客様の前で必ず二回数えるのです。縦算は一般に行われているお札の数え方で、縦算には数えている手指に伝わるお札の感触で、偽札を発見しやすいというメリットが隠されています。横算はお札を扇形に広げて数枚ずつ数える方法で、素早く札勘定ができるメリットがあります。

現金その場限り　現金は受け渡しが終わった瞬間に、渡した人も受け取った人も間違いを主張できないという決まりがあります。そのために現金の受け渡しのときには必ず相手の面前で、再鑑しなくてはなりません。これは窓口では当然のこと、銀行の外でもどんな急いでいるときでも必ず行います。「現金その場限り」の鉄則があるからです。

金額と日付の訂正不可　お金を巡る争いには常に「いつ」「いくら」のお金のやり取りがあったかが争いの焦点になります。裁判になると裁判所は、銀行帳簿の提出を命じることがあります。そして裁判所は提出された銀行帳簿をそのまま証拠として採用します。ですから銀行帳簿の金額と日付に訂正があってはならないのです。

口座相違の危険　銀行の事務処理では記帳金額を間違えても、その間違いを発見できるシステムがあります。しかし口座番号を取り違えたときに、それを発見するのはお客様自身です。銀行の信用維持のため、口座番号とお客様名の照合には細心の注意が必要です。

守秘義務

「顧客の秘密を守る」ことについて特に注意しなくてはならないことは、「相手」と「場所」です。家族と友人の前ではつい心を許し、思わず顧客の個人情報を話してしまう危険があります。職務上知った秘密は墓まで持っていくのが銀行員の掟です。

こんな事件がありました。同じ銀行に勤める親友同士のAさんとBさんがいました。二人は別々の支店に勤務していました。あるときAさんが担当する取引先Xが、不渡り手形事件に巻き込まれ、信用不安の噂が流れました。Bさんが担当する取引先Y社はX社と取引があったため不安に思い、Bさんに相談を持ちかけました。

さっそくBさんはAさんに、X社の信用状態について照会の電話を入れました。親しい友人からの照会だったので、Aさんは事細かに実情を話し、危ないかもしれないとBさんに伝えました。そしてBさんはAさんの話をそのままY社に伝えました。そしてY社はそれを同業者に漏らし、これがX社の社長の耳に入りました。X社の社長は取引先の秘密を洩らすような信用ならない銀行とは付き合わない、として取引を解消しました。

Aさんは Bさんが同じ銀行に勤める親友であることに気を許したのでしょう。Bさんは自分が大切にしている担当取引先からの依頼に応えたかったのでしょう。しかしそれが結果として銀行にとって取引先を失うという最悪の事態を招くこととなったのです。

公共の場、居酒屋などで取引先を話題にすることは、絶対に避けなくてはなりません。「壁に耳あり障子に目あり」。仮に取引先名を仮名で話題にしても、それを理解する人が隣の席で酒を飲んでいるかもしれません。これは家族の団らんの場でも同じです。

④　プロの銀行員を目指す

建築設計士は顧客の希望を上手に読み込み、それに自分の独自のアイデアを加え、巧みな設計で顧客に喜んでいただきます。銀行員も同じように、金融のプロとしての知識を備え、さらに自分の得た経験などをもとに、顧客に安心と満足を与える金融アドバイスができるよう、日頃から研鑽を積み自己啓発に努めましょう。

顧客に安心と満足を与えるための第一歩は聞き上手になることです。どんなサービス業においても、顧客が何を不安に感じているか、何を望んでいるか、それを巧みに聞き出すことがすべてのセールスの始まりです。そして、お客様の真意がつかめれば的確な対応が可能となり、顧客の本当の満足を得ることができます。

顧客が持つ不安感は、なぜ窓口でこんなに待たされるのだろうか、なぜこんなところにハンコを押さされるのだろうか、から始まり、これから金利は上がるのか下がるのか、こんな金融商品を買ってよいものだろうか、と様々です。こうした顧客に対応するには、銀行内の事務の流れであり、定められている規則の持つ意味も理解しておく必要があります。そして何よりも金融や経済の動きについて、常に敏感でなくてはなりません。

金融や経済の動きは二十四時間止まることはありません。実務をこなしながらその動きを追うことは不可能です。ですから自然にプライベートな時間に、そうしたことを勉強する必要が生じます。仕事は仕事．プライベートはプライベートとして割り切り、人生を楽しみたいと考える人は多いでしょうが、銀行に勤めるあなたにとって、そんな考えで仕事に臨むのは大変もったいないことです。せっかくの、銀行員になったことで得られるメリット、チャンスを失うことになるのです。

今の時代は良くも悪くもお金を中心に回っていますから、人は誰しも金融や経済の行く方向、蓄財の方法に強い関心を持っています。そしてもともと銀行員はこれらの知識を仕事上でも求められているのですから、仕事場を離れているときでも、ぜひ経済の動きに関心を持ち、経済に関連するニュースに敏感になってください。

もしそうした姿勢で毎日を過ごせたら、いっぱしの金融通になるでしょうし、お客様からだけでなく、家族や友人たちからもいろいろ質問を受けまた頼りにされることになるでしょう。そんなあなたは周囲の人から見れば「かけがえのない人」の一人です。

先ほど触れた「聞き上手」を心がけることについて、少し付け加えてお話をします。皆さんはこれから様々な人々、様々な経験や知識を持ったお客様と接することになります。そうしたお客様の知識や経験を仕事を通じて知ることができるのが銀行員です。これは銀行に勤めることの最大のメリットと言っても過言ではありません。

「銀行さんは物知りだ。銀行さんに相談すると、何かしら答えがもらえる」と言われる先輩行員が必ずいます。そう言われる人の特徴はと見るとまず「聞き上手」です。そしてまたたくさん知識を浅く広く身につけています。最も特徴的なことは、「いろいろなことを知っている人をたくさん知っている」ことです。多くのお客様と接触し、物知りさんと仲良くなることを心がけましょう。

「聞き上手」になることのメリットはセールスにも生かすことができます。お客様の言われることを耳を澄ませて聴き、タイミングよく相槌を打ち、時には質問を繰り出すのです。するとお客様は自分の考えや銀行への期待など、いろいろと語ってくれます。

サービス業である銀行はお客様のニーズを的確に把握することで、ビジネスのチャンスを見つけるのです。皆さんの多くはいずれセールスの仕事に就くことになるでしょう。セールスの極意は、巧みなセールストークを身につける以上に、お客様に接して聞き上手になることにあるのです。

⑤ 銀行員としての自己管理

銀行に勤めるあなたを世間の人はどう見るでしょうか。堅い人、安定した職業に就いている人、金融や経済のことをよく知っている人、お金の管理で間違いを犯さない人、そんな言葉が浮かびますが、特にお金を上手に管理できる人というイメージが強いようです。遠い将来、銀行を退職して町内会、マンションの管理組合あるいはＮＰＯ法人などの活動に参加すると、当然のように会計を任されますよ。みんなが安心するからです。

お金扱いのプロと見られているあなたに求められることは、自分自身のお金の管理についても人々の模範となることです。「恒産なければ恒心なし」という言葉があります。その人に見合った確かな資産を持っていれば、いざというときにも、間違った判断をすることはないという意味です。特に多額の、しかもお客様という他人のお金に囲まれて仕事をしている銀行員にとって、お金の誘惑に引きずられないためにも「恒産」を持つことが大切です。

では「恒産」を得るためには、どうしたら良いでしょうか。ある程度の資産を持っている人には、お金を貯めるのが上手な人と、お金を増やすことが上手な人の二種類がいます。「貯め上手」は常に生活を質素にし、出費を抑えてコツコツとお金を積み立てているのに、意外に日常生活があまり貧乏たらしく見えないという特徴が見られます。

一方お金を増やすのが上手な人は、リスクを恐れず巧みに投資をする人です。お金を増やすこともあれば、失うこともあります。豊かでいささか派手な生活をしている人も多く見られます。でも投資というお金を失うかもしれない恐怖を持ちながらの生活では、「恒心」を持ちにくいでしょうね。ですから金融機関の人間は、お金を貯めることが上手な人になることを目指しましょう。そのために必要なことは計画性です。常に収入に見合った生活を心がけ、天引き預金を利用して、コツコツとお金を貯めるのです。

「お金がないのは不幸だが、お金がありすぎるのはそれ以上に不幸」と言われます。お金がなければ生活が苦しくなるし、それがもとでつい悪事に走るなどという不幸が起こります。お金一方お金がありすぎる人は、そのお金をもっと増やしたいと考えます。お金を増やしたいという欲望には限りがありませんから、投資を試みその投資に成功するとさらにそのお金を増やしたいと考え、どんどん危険な投資に走ります。しかも現代社会には様々な投資の誘惑があり、お金を増やしたいという欲望から、詐欺に引っ掛かるケースも少なくありません。だからお金がありすぎる人は、お金のない人よりもっと不幸になりやすいのです。

皆さんが銀行員としての経験を積むに従い、お金がありすぎて不幸になるお客様を見る機会があるでしょう。銀行員という職業はそうした職業でもあるのです。自分自身がお金を上手に使える人、つまり恒産を持ち、節度ある家計を保てる人になりましょう。

⑥ 家計の管理

勤め始めて数ヵ月も経てば毎月の生活費がどのくらいかが分かります。おそらくはその金額は、浪費家でなければ給料の振込額よりは少ないでしょう。つまり月々若干のお金が余るはずです。その残ったお金を見て天引き預金（積立預金）の金額を決めます。さらに残った金額の一部を給料が振り込まれる預金口座から引き出し、別の口座に入金します。つまり月々振り込まれる給料を管理する通帳と、毎月の余剰金をプールする口座と二冊の通帳を持つことにするのです。

勤務年数を重ねまた資格が上がるたびに給料が増えます。月給が一万円上がったときには、天引き預金の金額を例えば五千円増やします。これを繰り返しているうちにさして生活に苦しさを感じることなく、大きな積立預金が残るようになります。

しかし、このようなつましい生活をしようとしても、不時の出費を避けることはできません。あるいはどうしても欲しいものが出てくることもあります。友だちの結婚が重なったりとか、メガネが壊れたりなどと、余剰金がマイナスになることがあります。それがたび重なればせっかく心がけてきた計画的でつましい生活も破綻してしまいます。野放図な出費を抑えることはできても、計画的に出費を管理することは非常に難しいことなのです。

このとき銀行に勤める人間らしく、「借金活用」を考えましょう。ほとんどの人は借金をすると、無駄な出費を極力抑えてお金を余し、借金を返したいという気持ちになるものです。返せるあてが確実にある借金は、恐れる必要はありません。

思わぬ出費はカードローンとかクレジットカードを利用して支払い、その借金は次のボーナスのときに「必ず」清算すると決めます。借金をしているという意識が日々の生活を堅実なものにし、長い目で見るとお金が溜まっていきます。

さてボーナスは、月々つましい生活をしてきたことへのご褒美と考えて、支給されたらまず借金やクレジットの決済をし、残ったお金を毎月の余剰金をプールしている口座に入金し、自分の将来を見据えて貯金額を決め、最後に残ったお金の使い道を考えます。欲しいものがあるから買うのではなく、お金があるから欲しいものを買う、こう考えてボーナスを使うようにすると、お金を使うことが思いのほか楽しいと感じることになるでしょう。

こうしてあなたは仕事上だけでなく、個人生活においてもお金扱いのプロ、つまりお金に振り回されるのではなく、正しくお金を使うことのできる人になれます。

皆さん、今日のお話の中から、これから銀行員生活をスタートするに当たっての、社会人としての心構え、組織人としての在り方、そして銀行員としての自己管理の在り方について、何らかのヒントが得られたでしょうか。何年後か先に、良識ある社会人として、あるいは職場の中心人物として、はつらつとして働く姿が見られることを楽しみにしています。

第四章　叱り方の研究

現代っ子の部下の叱り方が分からない、あるいは難しいと嘆く管理職が多い。やる気を起こさせるためと冷静に叱ったはずなのに、落ち込んだり涙ぐんだりやる気をなくしたりと過剰反応することがある。ルール違反を咎めただけなのに、謝るどころかふくれっ面をする。甘い言葉で叱ると部下は増長して、言うことを聞かなくなる。宇宙人とも嘆かれる現代の若者を相手にした「叱り方」は確かに難しいことが多い。

入社時から優秀さを発揮していた期待の新人がいた。その新人の教育のためになるだろうとある仕事を指示した。すると面倒な仕事だったせいか、何かと言い訳をしてその仕事を受けようとしない。そこで「私は君に頼んでいるのではない。命令しているのだ」と叱るように諭したところ、唖然とした顔をし、次にむっとして黙りこくってしまった。

彼はおそらくは親の愛情たっぷりの家庭に育ち、子どもの頃から成績優秀で学校の教師からも目をかけられ、首尾よく一流大学に合格し、と順風満帆の人生だったのだろう。彼は他人に叱られた経験がほとんどないまま大人になったのだ。だから上司の叱りに対してこのように反応し、ふくれっ面さえする。しかもその態度を反省して謝る素振りも見せない。叱られた経験が少なければ、謝り方を知らないのも当然である。

ビジネス社会には厳しい上下関係がある。「獅子はわが子を谷底に落とす」とか「仕事のやり方は教わるものではなく盗み取るものだ」「石の上にも三年」を、当然のことと受け止めて訓練を受けてきた年長の上司や先輩たちは、「叱られる」とは教えられることだと理解しているのだが、現代っ子には上司の「叱り」の持つその意味が分からない。

彼ら若者は職場教育も、教師や塾講師のように、手取り足取り、道筋を示してくれるものだと思っているのだ。だから職場に入って仕事を覚えるときにも、自分たちは新人なのだから上司や先輩のほうから手を差し伸べてくれるのが当然と考える。教育されることにおいても「指示待ち人間」なのである。先輩の背中を見て育つなど、期待するほうが無理なのである。とはいうものの彼ら若者をこのまま放置するわけにはいかない。

一つの救いは、銀行の採用基準をクリアした若者は、素直であり、諄々《じゅんじゅん》と諭せばそれに従うこと、「三つ褒めて一つ叱る」流儀の学校教育に慣れ親しんできたことである。

「叱る」のではなく「諭す」、叱る一方ではなく「叱りまた褒める」、こうした方法が通用する行員である。上司側から見れば、そんな手間のかかるやり方よりも、徹底的に組織社会の上下関係の厳しさを植え付けてやれば良い、と考えるかもしれないが、彼らを指示待ち人間のまま放置するよりは、現代の若者気質をとりあえず受け入れて、それに適合した指導法を考えるほうが得策ではないだろうか。

1 「叱り」の原則

若い部下をより良き職業人に育てるためには「叱り」は必要不可欠である。そして「叱り」は「教育」であり、効果がなければ意味がない。叱られた本人がその叱りに反発を覚えることなく反省し、自分を改める気持ちを起こさせなければならない。

特に叱られた経験に乏しい現代の若者は、他人からの叱りに対し、上司や先輩に食って掛かることこそないが、内心で反発を覚えやすい。しかし「諭される」ことには慣れている。だから現代の若者に対する「叱り」の大原則は、感情的になってはならない、手間暇かけて理路整然と部下の非を説いて聞かせなくてはならないところにある。

職場での上司の叱りでは、「何度言わせれば済むんだ。子どもじゃないんだから、一度言ったら分かるだろう」などという言葉がしばしば使われることがあるが、現代の若者の多くは子どものまま大人になったようなものだと承知し、子どもをしつけるには同じことを繰り返し何度も諭さなくてはならないのと同様、職場教育でも繰り返しの指導が必要である。

つまり現代の若者に対しては「感情的に叱らない」「理屈に合わない叱り方をしない」「繰り返しをいとわない」叱り方が求められる。特に繰り返しについては、「繰り返さないと分からない人類」と捉えるのではなく、「繰り返しが必要な人類」と捉えるのが良い。

叱り方の原則には「すぐ叱る」「褒めて叱る」がある。そしてさらに叱りにも五W一Hがある。いつ（WHEN）、どこで（WHERE）、誰が（WHO）、何を（WHAT）、誰に（WHOM）、どのように（HOW）である。これについては次項以降詳述する。

若いとはいえ大人であり、他人である部下の行員を叱ることには、誰でもいささかの心理的抵抗を覚えるものである。部下の感情を傷つけないようにとの配慮や、評判の良い上司でありたいという思いが、部下を叱る行動を心理的に抑止させるのだ。ましてやお互い忙しく立ち働いているときに叱る時間を取るのが難しいという事情もある。

だがいつか機会を捉えて叱ろう、と考えている間中、それが上司の心に引っ掛かって部下を見る目も厳しくなりがちであり、いつ叱られるだろう、いつ雷が落ちるだろうと身構えている部下は上司の視線をより痛く感じる。そして実際に叱られると、上司は必要以上に口うるさくなり、部下は部下で身構えて小言を聞くこととなる。その感情的もつれが、反省させ、直させるという「叱り」が期待する教育効果を半減させる。

銀行員にふさわしくない髪形・化粧・服装・だらしない格好を見つけたときは、躊躇せずただちに注意する。いつか機会を見てと「叱り」を先送りにすれば、最初は注意しなかったのに何を今さらという部下の不満をもたらす。水際作戦で叱る分には、そうした逆効果も少ないし、叱るのもたやすい。明るく叱ることもできる。

「褒めて叱る」は現代の「叱り」では特に重要である。彼らは子ども時代「三つ褒められ一つ叱られる」教育に慣れ親しんできた。運動部の監督やコーチなどは「三つ叱って一つ褒める」かもしれない。学校の教師も運動部のコーチも、「褒める」と「叱る」の両刀使いが「指導の効果を上げる」ことを知っているのである。職場教育においても叱りっぱなしはやめ、叱りながら褒める、褒めながら叱る、を実践すると良い。

部下を褒めるためには、部下の行動、仕事のしぶりを注意深く観察し、褒めるべきところを探さなくてはならない。自然に部下の観察力がつく。上司から観察されていると感じた部下は、仕事に対する姿勢も自然と変化させていく。

現代の若者は他人から無視されることを嫌い、常に周囲と何らかの関わりが持てていることを感じて安心感を持つ。だから携帯電話を手放せないのである。若者のその心理を職場の教育にも応用するが良い。日頃から部下をよく観察し、部下との対話の種を探すのだ。

人は良いところを褒められてそれを伸ばそうと努力しているうちに、自然と悪いところが引っ込むものである。また自分を良く見てくれていると感じる上司には、部下は従順になり、その「叱り」にあまり反発を抱かないものだ。普段褒めている上司がたまに叱ると、その効果も大きい。小学生の教育と現代の若者の教育は同じだと考えて良い。

2 いつ叱るか（WHEN）

叱り方の大原則に従えば「すぐ、その場で」だが、客商売たる銀行社会のこと、すぐと言ってもまさか顧客の目があるところで、部下を叱るわけにはいかないだろう。といって先延ばしにすると、叱りの大原則に記したように、部下との無用の軋轢が生じかねないから、すぐ叱るは当日中に「叱る」を基本とする。

あえて顧客の目前で叱ることが、部下指導の上で効果的であると同時に、顧客にも好感を持たれることがある。礼儀作法に関するものがその典型である。部下が顧客への礼儀を失した行動をとったときは、それが顧客の前であっても小さな声で即座に叱り、その失礼を顧客に謝る。部下の教育効果が高い上に、顧客はそうした上司を好ましいと見てくれるものだ。

昨今、日本語の乱れ、とりわけ誤った敬語の使い方が氾濫している。間違った敬語使いをその場で注意しなければ、顧客に上司たる自分の常識さえ疑われる。人に対し馴れ馴れしい口調で話すことが、親密さの表われと誤解する若者が多い。相手はお客様、その相手が馴れ馴れしく話すからといって、そうした客に同調する部下を放置してはならない。言葉遣いは当人の生育環境に大きく左右されるから、それを直すのは案外難しいことである。こまめかつ繰り返しの指導が必要だ。

取引先で茶菓の接待を受け、一言の礼だけで食べ始める部下にはさり気ない注意が必要だ。出された菓子の由来を尋ね、茶器を褒めるのは、礼儀の基本である。こうした作法を知らない若者には自らそれを実践して範を示す。口には出さなくとも部下はそこから学ぶ。

何かと弁解がましい口調になりがちなのも銀行員の通弊である。規則をふり回して顧客を困惑させたり、必要以上にお追従を口にするのも銀行員によく見られることだ。こうした言動も顧客の目前で部下を叱る対象の典型である。事が終わった後で叱っても、指導の効果がないどころか、口うるさい上司と思われるのが落ちである。つまり、顧客との応対の際の礼儀作法や対応の方法などに関しては、顧客の前で叱るのが有効である。口調にさえ注意を払えば、部下の心に深く刻み込まれる「叱り」となる。

顧客との交渉を終えてすぐに、やり取りを反省し部下と語り合うことは、大いに勧められる「叱り方」である。印象が生々しいうちに部下を諭す効果は大きいということもあるが、上司が自分の言動を振り返り、時には反省を込めて部下に語りかけることは、上から目線の「叱り」と受け止められることはないから部下への教育上の効果も大きい。

組織社会における「叱り」の本質は「部下指導」である。そして指導の根本は「鉄は熱いうちに打て」でありまた同時に、時には指導する人間とされる人間が同じ土俵に立って話し合うことも効果を大きくする元である。

すぐに叱ることが不適切な典型は、銀行の損害につながるミスが発生したときである。ミスを犯した張本人は通常、事の重大性に気がついているものだ。そして、しばしばミス発生に至る原因の中に、本人の責めに帰せられないものがある。

だからトラブル発生時には、まず銀行の損害を最小にする方法を考え、部下に指示することを最優先しなければならない。仮にミスを犯した者が、日頃から要注意行員としてマークしていた者であったとしても、銀行の損害が大きく、わが身に責任問題が降りかかってくる可能性があったとしても、「叱り」を優先するのは最悪である。感情的になって叱れば、事態収拾に向けての部下たちの行動を制約し、かえって損害を拡大してしまうこともある。

このような場合、事が一件落着した後で「叱る」のが良い。また、自分のミスを十分反省している部下をきつく叱る必要はない。ミス再発防止に向けて、部下と同じ目線から反省するという姿勢が望ましい。そのためにも、冷静に事実関係を究明し的確に判断することが必要であり、「すぐ叱る」は適さない。

ミスを犯したときは、上司から一喝を受けるほうが気分的に楽になるという部下もいるものだ。そんな明るい性格の部下には、一言叱ってから、事態収拾に向けて行動するのも良い。自分のミスで問題が生じたと分かっているのに上司は叱らない。これは部下に必要以上に心理的圧迫を加えることになり、彼の明るさという特質を殺しかねない。

3 どこで叱るか（WHERE）

前項の顧客の前で叱るもそうであるが、「叱り」はなるべく他人の目のあるところでするのが、教育的見地から見て望ましい。人を叱るときは別室で叱るべきだ、と言う人がいる。周囲の目があるところで叱れば、当人が傷つくからだということわけだろう。

もちろん個人のプライバシーに係る問題を注意するとき、他人の目があるところで叱るのは論外だが、「陰で叱る」は、時としてそれがために店内にあらぬ噂が飛び交い、叱られた部下が必要以上に仲間から疎外されることもある。さして大所帯とは言えない支店内で、支店長や役席者が部下を別室に呼べば、必ず誰かが気が付き、店内に変な噂が飛び交いかねない。部下を陰に呼んで叱るのは、それがどうしても必要なときに限定し、オープンなところで叱ることを原則とするのが良い。

仕事上のミスを捉えて「叱る」場所は、状況さえ許せば執務席であることが望ましい。叱り上手のベテラン行員や役席者は、仕事の中で叱る。決して怖い顔をし、相手を壁際に押し付けるような叱り方はしない。「叱り」の中に笑いの種を入れ、「叱り」を明るい職場づくりに使う術を会得しているものである。そしてこれが現代の若者に対する「叱り」の適切な方法である。彼らは学校時代からこのような叱られ方に慣れ親しんでいる。

行員のミスを咎める「叱り」には、他の行員みんなにも聞かせておきたいもの、行員全員の気を引き締めたり、参考にさせたいものがある。ミスをした行員だけを相手に叱るだけではもったいない。このとき公開の場で叱るという方法がある。朝礼の場とか、打ち合わせ会の場で叱るのである。陰で叱るのとは正反対の荒療治のように感じられるかもしれないが、それは相手次第、ミスの態様次第、実はこれが温情ある「叱り」になることもある。不手際やミスを犯して迷惑をかけた行員にとってはみんなに謝る機会になるからだ。

謝りたくても謝る機会がないことはつらいものである。その場を作ってあげることは、その行員に対する親切なのである。人前で自分の過ちを認め謝ることには勇気が必要である。その勇気を持てない行員もいるにはいるだろう。しかしその勇気を奮い起こしてみんなに謝れば、本人の大きな胸のつかえは取れ、明日からの仕事に対する意欲が湧く。

そしてそのセレモニーは支店長の一言で終わらせる。支店長の一言が行員みんなの笑いを誘い、ミスを犯した行員も恥ずかしそうにその笑いに巻き込まれる。こうして「叱り」のセレモニーを終えるのだ。

ミスを咎める「叱り」はしばしば陰湿になりやすい。それは叱りの効果を半減させるどころか、教育的見地からも望ましくない結果を招くことがある。「叱り」は常に「明るくオープンに」が望ましい。公開の場での叱りを試してみるのもその一つだ。

4 誰が叱るか（WHO）

部下に不始末があったとき、直属の上司が叱ることがかえって不適切なことがある。事件発生原因にその上司が少しでも道義的責任を感じている場合、直属の上司と言えども、自らが叱ることが逆効果になることがあるのだ。「私も悪かったが」などと口走ってみたりとどうしても叱り方が鈍ることがあるのである。

「ストレートに叱れ」ということがある。叱る理由をくどくどと並べ立て、「君の将来を思って言うんだ」などとおためごかしの叱り方は、あまり賢いとは言えない。悪いことは悪いと毅然と叱ることで、「叱り」の効果は増大するものだ。しかし、上司たる身として部下を叱ることに、良心の呵責を感じる部分があるとしたらそれができない。例えば上司の仕事の割り振りに問題があるにもかかわらずそれを放置し、特定の部下に負担がかかりすぎていたなどという場合などである。

また直属の部下は管理職たる上司の仕事上の手足であり、彼らに横を向かれたら仕事に支障が出てくる。こうした心配を持つために上司の「叱り」が、今一つ歯切れが悪くなり、ストレートな「叱り」になりにくいという問題もある。こんなとき自分の意見を他人の言葉として叱るなどという方法に逃げ込むことがある。

昔の銀行ではこう言ったなどとして、自分の意見を述べる程度なら問題はないが、支店長が、とか本店の人事部が、などと他人を借りながら諭すのは愚劣である。「皆がそう言っているよ」などという言い回しも不適切である。みんながではなく、自分がなぜ叱るのか、これを明らかにして叱らなくては「叱り」に迫力は生まれない。

上司は自分の部下は自分だけを見ていると勘違いしやすい。しかし支店内には支店長をはじめ何人もの役席者がいて、部下たちはこれら役席者全体を見ている。直属の上司とは波長が合わなくても、あの支店長がいる、あの代理にあこがれているなどということがある。彼らを自分の部下の「叱り役」として活用しない手はない。

支店内における上司と若手の関係は、「役席者層」と「若手層」のクロスミックスになるよう日頃から心がけておくと良い。直属の上司は自分の部下だけを指導する責務があるとするのではなく、他係の責任者は他の部署の若者の指導責任の一端を担うという体制を作るのだ。もちろんこの体制を構築するには、支店長の強いリーダーシップが求められる。

部下というものはなかなか直属の上司に対して心を開けないものだ。それを上司が無理に心を開かせようとすれば、かえって部下を追い込む。直属の上司の叱りは、得てして「叱り」そのものになりやすい。しかし、支店内の別の役席者が叱ると「叱る」というより「諭し」になる。若い部下の反発もその分弱まることは間違いない。親父の意見よりも、叔父さんの説教のほうがよく効くと言われるとおりなのである。

「叱り」における支店長の役回りは微妙である。銀行支店における支店長は、末端の部下から見れば、実に遠い存在である。だから支店長自らが若い行員を直接叱ると、想像以上に当人に大きな影響を与えることがある。比較的少人数で、末端の部下とも意志疎通が良いと信じている支店長も、こと「叱り」となれば、直接手を下すことには慎重になったほうが良い。だが部下指導に熱心な支店長は、若い部下たちになるべく近づこうとし、中間管理職を通して部下を叱ることに抵抗を感じるかもしれない。

しかし支店長の下す「愛のむち」は、部下を必要以上に落ち込ませる危険がある。支店長の部下指導は「褒める」で行くのが良い。支店長に褒められたからと言ってつけ上がり、中間管理職を無視する部下もいるにはいる。しかし、そうした部下を御することは、難しいことではない。あまり気にしないで部下を褒めることだ。そのメリットは想像以上に大きい。そして中間管理職は叱り役を演じるのだ。

中間管理職がどんなにきつく叱っても、部下の心には支店長が見ていてくれれば、の気持ちがある。だから中間管理職の叱責に、壁際に押しつけられる恐怖を感じることはない。支店長は中間管理職と末端の行員との関係を日頃から観察し、時折部下に救いの言葉をかければ、それで「叱り方」は万全である。

中間管理職が「支店長がこうおっしゃっていたよ」と声をかけるだけでも効果は大きい。もちろん、現代っ子の中には、こうした方法が通用しない者も多いことは事実であるが、それが繰り返されれば当人たちもその気になり、褒めることが逆効果になることはない。

支店長が直接末端の部下を叱ると、支店長のお気に入り部下という噂が流れることがある。普段は支店長を敬して遠ざけているように見える支店行員も、少しでも支店長から直接声をかけてもらいたいと、内心では望んでいるものだ。だから部下から見れば、叱るのは支店長が特別に目をかけているからだと映ってしまい、支店長はその行員をひいきしているのだろうと思われてしまう。それが支店内の雰囲気を壊す元凶にもなることがある。支店長の部下への接し方はまんべんなく、が基本である。

銀行支店長が支店において持つ権限は、部下の人事権である。最終人事権は、本店人事部にありと知っている行員たちも、人事部の意向は支店長の考え次第であることも了知している。一挙手一投足が支店長の評価の対象となり、それによって処遇が決まると考える行員たちにとって、支店長は実に煙たい存在で、敬して遠ざけたくなるのが人情である。

支店長は叱りをがまんして褒め役に徹し、叱り役は中間管理職に任せるのが無難だ。

5 誰に向かって叱るか（WHOM）

ここで「誰に向かって叱るか」とは、相手の性格によって叱り方を変えなくてはならないということを意味する。部下の性格と日頃の行動パターンをよく観察し、それに適した指導を心がけ、また「叱り方」も工夫しなくてはならない。

仕事の場における人の性格分けは、「楽観的に考えるタイプ」か「心配性タイプ」かであり、行動面では「積極的」か「消極的」かである。そしてここから「楽観的に考えまた積極的に行動するタイプ」「心配性だが行動は積極的なタイプ」「楽観的だが行動は消極的なタイプ」「心配性でかつ行動も消極的なタイプ」の四分類が生まれる。

これらを人事管理面から見ると、次のように分類されるだろう。

A「楽観的で行動も積極的なタイプ」は職場を明るくする。仕事に対する姿勢も積極的、仲間から好感を持たれる。だがミスも比較的多い。上司から問題児とされることもある。

B「心配性だが行動は積極的なタイプ」は堅実でミスも少なく仕事は良くできる。ただ何かにつけて問題点指摘型で、同僚からは煙たがられる。だが上司にとっては安心な部下。

C「楽観的だが行動面では消極的なタイプ」は言うことだけは言うが行動が伴わない。職場を明るくする長所はあっても自ら進んでは仕事をしないし、させればミスを犯しやすい。

D「心配性でかつ行動も消極的なタイプ」は指示待ち人間にいちばん近い。仕事で責任を問われることを嫌い、行動が緩慢で同僚からも不人気。上司も手を焼く職場の問題児。

このように分類すると、それぞれのタイプ別の指導法が見えてくるだろう。まず困ったタイプの典型であるDから考えよう。

Dはどんな職場にもごく少数だが必ずいる、上司の指導がなかなか効果を上げないタイプである。もともと慎重な性格だから、ミスは少ないが処理する仕事量も少ない。上司がそれを指摘して訓練を施そうとしても、相手はどんどん逃げていく。それを追いかけるように叱ってもあまり教育効果はない。無難な仕事を与えてその狭い範囲の中で確実に仕事をしてもらうとするのが良い。あまり強く指導したり叱ったりすれば、ますます穴倉に閉じこもり、職場の戦力にならなくなる。明確に仕事の守備範囲とその進め方を指示し、それに従わせることだ。手はかかるが、といって彼らを見放すことは得策ではない。

Cのタイプは、上司の指示を上の空で聞き、返事こそ良いが結局その指示をこなすことができない行員である。軽率で仕事上のミスも多い。このタイプに対しては、第二章で記した「二つの指示メモ」が効果的である。Dタイプと同じように、仕事を進める手順を言って聞かせる必要もあるのだ。ただ打たれ強い性格であることが多いから、繰り返し指導し、繰り返し叱っても、相手はこたえない。

AとBはいずれも教育のしがいがあり、それぞれの道で組織人として育つタイプと考えて良いだろう。ただ両者はそれぞれ指導法を変えなくてはならない。

まずBタイプは、最も銀行業務に適した性格と言えるかもしれない。日常の業務においても、他のタイプと違い、指導とか「叱り」の必要性を感じることは少ないだろう。「叱り」を教育手段とするのではなく、別の教育方法で臨むと良い。上司たる自分の片腕として使うことを通じて、レベルアップ教育を心がけるのだ。与える目標は今の立場より一ランク、二ランク上の立場に立って仕事の進め方を考えるよう指導する。

具体的には上司である自分が判断したこと、その理由と意味を常に語りかけ、上司と情報や考え方を共有することを心がける。こうすることによって彼の視野が広がる。そうなれば上司は彼を自分の片腕としてより信頼できるようになる。

業務推進の責務を負っている管理職の判断と行動は、彼が得意とする問題点指摘型思考だけでは済まされない。上司の思考と行動を手本として、大胆さあるいは改革への行動も促すのだ。もともと慎重な性格だから、それでも大きな問題は起こらない。こうすることで彼は、管理職登用の道を最短距離で行くことになるだろう。銀行業務においては、「慎重」であることは必要不可欠な要素である。そしてそれに「適度な大胆さ」と、「柔軟な思考」が加われば、真に有能な銀行員となる。

ただこのタイプが重大なミスを犯したとき、その対応には十分注意しなくてはならない。

彼はミスを犯さない自信を持って常々仕事をしている。だからミスを犯したときのショックは大きい。彼だけの責任とは言えないトラブルのときでも、強く責任を感じてしまうことが多い。彼を叱るべきか、叱るとしてどう叱ったら良いか、慎重に考えなくてはならない。むしろそのトラブル発生を、彼を励ます機会と考えると良い。さもないと、Bタイプは、時としてDタイプに移ってしまうこともある。

最後に残ったAタイプは両刃の剣とも言え、教育しがいがある半面で、指導次第では持っている長所を殺しかねない危険もある。もともと明るい行動派で、何事も前向きに考え動きも軽快だから、有用なまた組織人として好ましい性格でもある。たいていの上司とはうまくいくだろう。上司から見れば概してかわいい部下であることが多い。

問題は上司の指示の範囲を超えて行動し失敗することがあること、手堅い上司に仕えていると、その上司の指示を無視することとさえあるところである。しかもこのタイプはそれがさほど悪いこととは考えていない。彼の思考と行動領域は支店活動の範ちゅうを超え、銀行全体としてあるべきは、などと考えたがるから、時には悪気はないのだが直属の上司を飛び越えて支店長に直言して、直属の上司を戸惑わせたり、本店での集合研修の機会などで目立ちすぎて、支店長を当惑させたりすることも起こる。

若者らしく短絡的で、銀行、本店、支店、係、それぞれの組織の層が目的とするところ、それを達成するための行動規範、そして論理が、それぞれ違うことになかなか考えが及ばないのだ。だから上司としては時にはかわいさ余って憎さ百倍となることがある。特に守備型の中間管理層に仕えたときにそれが顕著に表れる。そんな彼を組織の横紙破り、欠点を持つ行員として押さえつけるべきか。もちろんそれは違う。Cタイプは一種の問題児だが、Aタイプの行動は長所が表れているものだからである。もしその長所を殺してしまえば、まさに彼は組織の横紙破りだけの存在になる。

Bタイプは得てして自分の守備範囲の中でしかものを考えない傾向があるからそれを先述のように、視線を高く持つように育てるのが良い。そしてAタイプに対しては、経験豊かな上司が彼の短絡思考を指摘して組織の論理を諄々と説き、軌道修正する指導で対応するのだ。ここは支店長の出番がある。銀行組織の論理に浸かっている中間管理職の諭しよりも、一段も二段も高い視線を持つ支店長のそれのほうが教育効果は大きい。

Aタイプは業績伸展意欲が高く、また業務改善などに積極的に提案をする行動派タイプである。ただいかんせん、その意欲が時には空回りを起こし、事務的なケアレスミスも多くなりがちである。しかも二度三度と繰り返すことも多い。上司たるものその都度厳しく咎めたくなるものだ。だがそれが彼の長所を殺しかねない。叱りながら褒めるのが良い。

Bタイプはどんな上司に仕えても、一定の評価を得られるだろうが、Aタイプは実直で手堅い上司とは相性がよくない。そんな上司に続けて二人三人と仕えると、複数の上司の人事評価が「問題ある行員」となりその評価が固定してしまうことが起こりやすい。それが彼のやる気をそぎ、次第に組織の襞《ひだ》に埋もれてゆく危険もある。だからAタイプの行員に対しては、上司を変えるという方法もある。こうすることでAタイプもBタイプとは違う道をたどりながらより有用な行員となっていく。組織はAタイプとBタイプが混在することで強くなるものだ。

もう一つ「叱り」と関連して人の性格分けで大切なことが、「傷つきやすい性格」か「打たれ強いか」であるが、何事も悲観的に考えるタイプが傷つきやすく、楽観的な行員が打たれ強いとは限らない。上司から厳しく叱られてもそれを他人に公言してうっぷんを晴らすことができるタイプと、抱え込むタイプがある。上司の叱る言葉に過剰反応し、深刻に落ち込んでしまうこともある。上司の叱りに対して傷つきやすいか否かは、表面的な行動から推し測ることは難しいのである。せいぜい男子行員に対する叱りと、女子行員に対する叱りと使い分けるしかない。

こうした中で特に現代の若者を叱るときに、気をつけるべきことはすでに何度も指摘したように、彼らは叱られ慣れていないということだ。いずれの部下を相手としたときでも、道場の羽目板に押し付けるような「叱り」は禁物である。

かつての職場では、「お前は給料泥棒だ」「さっさと机の上を片付けて田舎に帰れ」「お前がいるだけで迷惑だ」「その曲がった根性を叩き直せ」などと言った、人間性を否定するような叱りの言葉が横行していた。今支店長であり中間管理職の立場にある行員にとって、これらは耳慣れた常とう文句で、むしろ明るい叱り方として受け止められてきたかもしれない。こんな罵倒にへこむことはなかっただろう。だがこれが現代の若者をいたく傷つける。繰り返しになるが、彼らは叱られた経験ではなく、諭された経験を積んでいるのだ。

現代の若者にとっての極めつけの痛い言葉は、「いったいこれまでどんな教育を受けてきたのか。お前の親の顔を見てみたい」である。暖かい母親の愛情にくるまれて育った若者にとって、この言葉を発せられたときのダメージは、上司が想像する以上に大きいようだ。怒りの感情が沸騰しても使ってはならない。

現代の若者を相手として「叱る」場合には、諄々《じゅんじゅん》と説くという姿勢が求められる。上司がそうであれば、もともと素直な性格の若者たちばかりだから、上司の言葉を真剣に受け止めるだろう。ただそれを心がけるがゆえに、ねちねちした叱りになってはならないことだけ注意すれば良い。やはり職場における「叱り」は、どんな場合であっても明るくオープンでなければならない。

6 何を叱るか（WHAT）

部下を叱るときは、「行為」を叱るかべきか、その「人間」を叱るべきか、そのつどはっきり見極めなくてはならない。銀行業務という「安全性」や「正確性」を強く求められる職場は本店が定めた厳しい規則で支配されている。時としてその規則が銀行員以外ではおそらく耐えられないような、高度の注意義務を求めているものであることもある。だからルール違反やミスという「行為」を叱ると、特に若い行員たちは反発しかねない。

部下のミスには、一般人であればうっかりミスで済まされても、「銀行員」としては許されないものがある。こうしたケースでは、部下の心の奥底に、自己弁護が起こりがちだ。これはプロとしての銀行員育成の見地から、その弁解心を徹底的に叩き潰さなくてはならない。つまりこのときはミスを叱るのではなく人間を叱るべきだ。さもなければミスは再発するだろう。プロ意識を持たせる注意喚起が必要である。

一方、プロ意識が強い銀行員も人の子である。個人的な心配事が仕事に反映して、犯すべからざるミスを犯してしまうことがある。そうしたとき、「行為は行為」として厳しく叱るとしても、「人間」として厳しくその責任を追及することは得策ではない。当の本人は心の中では深く反省する賢明さを持っているだろうから、叱る前に自責の念にかられて落ち込んでいたりするものだ。彼を叱るのは傷口に塩を塗るに等しい。

同じ事件を犯しても、通常の人であれば事件にもなりにくいことが、銀行員がするとマスコミに大々的に取り上げられることがある。若い銀行員にとっては納得がいかないことかもしれない。しかし、銀行員とは間違いを犯さない人種だ、だから安心してお金を任せることができる。これが世間の目であるし、お陰で銀行業が成り立っている。若い行員にはこのことを時間をかけて教えなくてはいけない。

現代の若者にこれを説くには「プロ意識」の言葉が分かりやすいだろう。プロスポーツ選手が、毎日の食事メニューにも細心の注意を払うのと同様、プロの銀行員は、日々の個人生活においても間違いを犯さない細心の注意が必要だと説くのだ。「銀行員とはそういうものだ」流の押しつけは現代の若者には通じにくい。

7 どのように叱るか（ＨＯＷ）

どのように叱るか、その答えは、叱り方が上手な上司とは、部下との対話が巧みな人であるという言葉に象徴されるだろう。教育の一つとしての「叱り」は一方的なものであってはならず部下との対話の一つと考えなければならない。

どのように叱るかの基本は、愛情をもって叱ることに尽きる。顧客の面前であれ、行員全員の前であれ、陰に呼んでであれ、何を叱るかであれ、そして直接であれ間接であれ、叱りのテクニックは、すべていかに効果的に叱るかを目指している。そしてどの方法によるにしても、もっとも効果ある叱り方は「愛情豊かに」叱ることなのである。

「愛情の表現」としては、叱る相手の目を正視して叱ることが大切である。心から君の将来のためを思って叱っていると。部下を「叱る」ことを自己保身の道具としてはならない。

こんな例がかつてあったことを紹介しよう。

ある支店で融資係の主任がうっかり洩らした一言が、支店最重要取引先の社長を激怒させたという事件の顛末である。その会社からの融資申込み書類に一部不足があり、会社の担当者に提出を求めたのだが、なかなか提出してこないため融資手続きが滞った。たまたま支店にやってきた社長から手続きの進行状況を問われて、融資主任がお宅の担当者から書類が届いていませんのでまだ手を付けていませんと答え、これが誇り高き社長の逆鱗に触れた。社長が主任を叱る声が、残務整理に余念のない支店内に響き渡った。これが事の発端だった。

支店の業績を左右しかねない大口取引先社長の怒声に店内は静まり返った。社長が席を蹴って帰ると、青い顔をした融資担当の代理が何度も「いかんなあ」を連発して主任を咎めた。次長もすぐさま融資係の席に駆けつけた。だがあまりにも相手が悪いと考えたのか、彼ら支店幹部は行動しなかった。支店長の指示を待つことを決め込んだのだろう。

そんなことがあってからほどなく、支店長が外出先から戻ってきた。融資の代理と次長がすぐさまそのトラブルのご注進に及んだ。二人は盛んに融資主任の不手際を訴えた。早速に融資主任が支店長の前に呼ばれるかと見ているとさに非ず、支店長は次長に命じてその会社に電話を入れさせた。

いったいこの電話がどんな結末を招くのか。先ほどの怒声が大きかった分だけ、行員全員が支店長の電話に耳をそばだてた。融資の主任は針のむしろに座っている心地だったろう。しばらく話が続いたが、どうも支店長は相手の社長に謝罪しているようには見えない。そして支店長は突然電話口で大声を張り上げた。

「要するにおたくの経理担当者がずさんだったということでしょう。私は自分の部下を信じています」。その瞬間店内に何とも言えない和やかな雰囲気に溢れた。そしてその日はそのまま終わった。融資の主任が支店長席に呼ばれることはなかった。

　こじれるかもしれない、支店長の謝罪も通じないかもしれない電話交渉を、自ら全行員の前で平然とする支店長。そして「私は自分の部下を信じています」の言葉。これは融資主任に対する実に愛情溢れる「叱り」ではなかったろうか。融資主任は感激したに違いない。

　またこれは同時に支店行員全員に聞かせたい言葉だったのかもしれない。支店最重要取引先の社長を相手にしてのこの言葉が、店内に響き渡ったときに、行員たちが受けた衝撃は大きかった。行員すべてが、わが支店長は自分たち部下に限りない愛情を注いでくれていることをいみじくも知ったのだ。

　支店長にとって融資主任を叱責し、その後始末を次長以下に任せるのは簡単だっただろう。それが一般的なトラブル処理の方法だろう。だが支店長はその方法を取らなかった。そしてそうしたことによって、如何に厚い支店行員の信頼を勝ち得ることになったか。

　それ以前のこと、この支店長が言ったことがある。長年業績が低迷している支店ではあるが、この店に着任し君たちと出会って私は確信した。君たちがいてくれる限り、この支店は必ずや再生できると。支店長は実に自分に厳しい人だった。部下の叱り方も尋常ではなかった。だが支店の行員全員が支店長を心の底から信頼していたから、その厳しい叱りに耐えた。

　そしてこの小さな事件がさらに支店長への信頼を高めることになった。

「叱り」にまつわる、ドラマに出てくるような実話である。

8 叱る理由を明らかにする

現代の若者は理由なく叱られることを極端に嫌う。「諭され」人類なのである。「つべこべ言わずにやれ」「やることやってから文句を言え」などは、かつての組織社会の常とう文句であり、それが通ってきたが、今やそれは若者の反発を招くだけの言葉である。もともと素直でもある現代の若者は、諄々と話せば分かる。

支店の一員としての若い行員の行動を叱る、それには大別して四つの理由がある。「集団活動の和」を乱す行動を「叱る」。「集団活動の目的」に反する行動を「叱る」。「集団活動の力を強める」ために「叱る」。職場の中にあっての人との付き合い方を「叱る」である。

指示待ちタイプが多い現代の若者を、「集団の和」を乱すという理由で叱ることは比較的少ないだろう。彼らは概して協調性があるからだ。ただ自分のどんな行動が「集団の和」乱すことになるのか、それを理解していないことが多い。特に新人はこの程度は許されるだろうと勝手に判断する。だからそれを叱るときには、必ず理由を明らかにしなければならない。「集団の和」を乱す行動とは、職場の同僚たちに不快感を与えるものを言う。だが新人はそこまで気が回らない。ちょっとしたミスをしでかしたとき、静かであるべき職場の中で突然大声を上げるなどはその典型である。

支店の営業場にはロビーにいる顧客の目が光っている。若い行員はそれをほとんど気にしない。服装や髪の乱れ、アクセサリーのつけ方などにも、顧客の目が注がれている。数え上げればきりがないこれらを、先輩たちは自制している。だが新人たちは自分の行為が周りを不快にしていることに気がつかない。これを咎めるのは、「叱り」とか「指導」というよりは、「しつけ」であり、「しつけ」は弁解を許さない厳しいものでなくてはならない。

「集団の目的」に反する行為の代表が「顧客志向」に反するものである。新人や若手行員はその言葉を知っていても、どんな行動が「顧客志向」に反するのかを十分に理解しているとは言い難い。顧客の言い分がどんな理不尽なものであっても、サービス業としてはまずいったんそれを受け止め、それからおもむろに顧客を怒らせないように説得するものだ。上司や先輩たちは、思わずむっとするような顧客の言動を前にしても、怒りは腹に収め、決して顧客に向かって苦々しい顔を見せることはない。こうした彼らの姿勢を見せて、新人や若手行員には銀行業がサービス業であることを繰り返し教え込まなくてはならない。

「集団活動の力を強める」ために「叱る」とは、どのような行為が同じ係の同僚や、他の係に迷惑をかけるかを教えることである。若い行員は目先の仕事に関わり過ぎるあまり、自分の行為が他に与える影響に考えが及ばないことが多い。軽微でもミスはミス、その軽微なミスが支店全体に影響を及ぼすことがあるのも銀行業である。管理職には各係間の関わりがどんな仕組みになっているかは分かっている。だが新人や若手行員にはその全体像が見えていないし、それを自分から学びとれとすることには無理がある。

個々の行員の仕事の意味と果たすべき責任、何がどのように他者の迷惑になるかを教えるのは、優れて管理職の仕事なのである。またそうした教えを通して、若い行員は支店全体の仕事がシステマチックに行われていることを理解し、そこから自分の身の処し方も見つけていくのである。部下に向かって「言われたことを言われたとおりやれば良い」と指示する管理職は、教育責任を放棄していると言えるだろう。部下に良き銀行員たれと願うなら、特に、組織内における「自分の位置づけ」を理解させる努力を怠ってはならない。

最後に残った四つ目は職場内における「人間としての付き合い」に関するものである。若者は仲間との同質性を求める一方で自分は自分の意識が強く、他人とは一味違った自分を演出したいと考える。職場という新しい世界に足を踏み入れても、その気質を拭い去ることができず、手の届く範囲の仲間とはうまくやれても、支店全体の風土になじもうとしない。

せっかく支店がこれまで培ってきた、仲間意識の強さ、リクレーション活動や飲み会を大切にする風土に、彼らは溶け込む気がない。就業規則に定められていないことを仕事としてさせられるのは困るなどと言い出すかもしれない。かと言ってそれを「叱り」の対象とするべき積極的な理由も見つけられない。

ここに至って彼らを導くことができるものは、支店長であり管理職の「人間性」である。若い行員たちに職場の仲間との親密な付き合いや交流を大切にするという組織人としての人間性を求めるとしたら、求める側の人間性しかないのである。第一章においてすでに、部下教育を念頭に置いた支店長の心得を語った。その心得のすべてではなくとも、多くを身につければ、部下から見て人間として魅力のある支店長が誕生するだろう。

そんな支店長は、若者ばかりか中間管理職からも敬愛され、人生の先輩と考え、支店長の振るタクトに従って楽しい職場生活を送ることになるだろう。価値観が違うとされる現代の若者も、魅力ある人間にひきつけられることは間違いない。そしていずれ、和気あいあいとした職場の仲間の輪に自分から飛び込んでくるだろう。

第五章　組織風土が生む「指示待ち人間」

どの組織にもその組織が長年培ってきた、特有の風土（カルチャーとか慣習）がある。創業の精神とか社訓がもたらすもの、事業の特性から来るものなど、それが形成される理由は様々だが、金融機関の組織風土は後者、業務の特性から来ていると言えるだろう。信用第一を旨とした保守性、安全第一主義、手続き重視から生まれるものである。

新入行員として配属された支店で、総務係の主任が電話で話しているのを聞いて驚いた。出入り業者が代金の支払いを請求してきたその電話を受けて、その主任が言うには、

「まだ『領収書』が届いていないじゃないですか。払えるわけがないでしょう」

領収書とは金を払ってから受け取るもの、これが世間の常識である。しかし総務主任は、領収書は確実に保存すべきもの、という銀行社会の手続き風土に染まっているから、金を払う前に領収書を要求するという非常識をしていても何とも感じないのだ。

組織人は自分の所属する組織のカルチャーを、当然のこととして受け入れている。だから銀行社会の持つ風土の中に「指示待ち人間」を作りかねない要素があることに、現にそこで働いている銀行員たちはあまり気が付いていないことが多い。ここで銀行カルチャーのどんなところが「指示待ち人間」を作りやすい要素を持っているか。以下これらを列挙しその問題の所在を考えることとする。

1 問題点指摘型体質

日本の組織社会、いや日本社会全般に横並び主義が根付いていて、出る杭はしばしば打たれる。だから打たれることを恐れて、他社や他人の考えや動きを見てから、自社であり自分の行動方針を定めることが多い。指示待ちとは言えないにしても、主体性のなさという点では「指示待ち人間」に共通するものがある。銀行社会もその例外ではないが、よく観察すると銀行社会の横並び意識は、経営姿勢において強く、行員の間ではそれほどではない。銀行社会が役割分担社会だからかもしれない。しかしそれに代わって「問題点指摘型体質」が染みついていて、「指示待ち人間」を生みやすい風土を作っている。

「問題点指摘型体質」は、銀行業務の特性から来ていると言ってよいだろう。信用第一の銀行では、多段階チェックによる事務処理が行われている。順律性、規則遵守が絶対的要請としてあり、手順の間違い、書類の不備に厳しい目が注がれる。融資活動では融資案件に対して子細な安全性の検証が行われる。これらの銀行業務の特性が「問題点指摘体質」を組織全体に染みつかせているのだ。やむを得ないと言うこともできるだろう。

「問題点指摘型体質」の問題は、例えばあるアイデアが提案されたとき、「そのアイデアを実行に移すとしたら、どんな問題が起こると考えられるか」が議論の出発点になることが多いことである。またそれを鋭く指摘できる行員が優秀と評価されるという傾向もある。

加えて銀行は伝統主義、先例主義、安全主義である。「今までと違う」「先例がない」は役人だけの口癖だけではない。銀行社会にもこの言葉がしっかり根付いている。そして役人社会の「責任回避」は、銀行社会では「リスクがある」の言葉に置き換えられて生きている。

新奇なアイデアや改革提案は、問題指摘の巧みな上司に詰め寄られ、経験豊かな上司から先例がないと指摘され、万一のリスクを考えたらと詰め寄られる。いつの時代にも若い行員は、新奇なもの、革新、改革を求めるものだ。だが若者が思いついた提案を実現にまで持っていくには、これらの指摘をくつがえすための途方もない時間と労力が求められる。

この銀行の体質が、若者のアイデア発信意欲を減衰させる。意欲溢れ、組織に新しい風を送ろうと考える若者であっても、こうした風土に失望し、次第にもの言えば口唇寒しとばかり「指示待ち人間」化していく危険があるのだ。上下関係が厳しい社会では、こうしたメカニズムがより強く働き、「指示待ち人間」をより多く生み出す原因となる。

問題点指摘能力は、危機管理能力に通じる有用な能力ではないか、と論ずる向きがあるかもしれない。だが「問題点指摘」は現状を趨勢延長して起こるべき問題を想定し、その危機に備える思考であるのに対し、「危機管理」とは、現状の趨勢延長とは無関係に、起こるかもしれない危機を想定して、対策を事前に考えるものである。

つまり思考の始点を現状をスタート地点に置くのと、将来を起点とするものという根本的相違があるのだ。問題点指摘型がネガティブな思考になりやすい一方で、危機管理思考はむしろ柔軟でポジティブな思考が求められるものである。新しいアイデアが提起されたとき、最初からそのアイデアをつぶす方向に働きやすい、問題点の指摘に終わるだけの「問題点指摘型」よりも、そのアイデアを受け入れたとして、想定される問題は何かとしてその課題を解決する方策に議論の焦点を合わせるほうが、議論が盛んになり組織の活性化に貢献することは言うまでもないことである。

つまり問題点指摘型思考は思考停止の危険をはらんでいるのである。上に立つ者が、「同じことを以前試したことがあるが、こんな問題が起こった」と批判したとき、「そのときと時代が違います。今の時代ならやってみる価値があります」という反論が許されれば良い。「万が一こうした問題が起こったらどうするか」と指摘されたとき、「万が一を恐れていれば進歩はありません」という反論が通れば良い。一般の企業であればこうした反論は比較的通るだろう。そしてそこから新たな議論が始まるだろう

しかし銀行社会ではこれら反論は、たいていは通らない。それは先例主義と、完璧な安全志向、失敗は許されないという組織文化に染まりきっているからだ。このような反論を許さないとは、とりもなおさず思考停止の強要である。とにかくやってみたらどうか、問題が生じたらそのときもう一度考えてみようという姿勢に乏しいのである。

2

「あってはならない」主義

「フェイルセーフ」「フールプルーフ」は、アメリカ社会に根付いている危機管理思想である。人間のすることには必ず間違いが起こるものだ、という考えに基づき航空機とか巨大なプラントなどでは、起こり得るすべての人間が犯す間違いから生じるトラブルを想定して、二重三重のトラブル回避システムを構築している。

アメリカの銀行業務にもフェイルセーフ、フールプルーフ思想がある。ミスから生じる損害を補てんする保険が幅広く活用され、リコンサイルセクションが置かれて、勘定処理過程で生じる人為的ミスを、専門に精査する担当者を置き損害を防いでいる。融資業務では一定の確率で生じるであろうロスを見込んで、企業格付けごとにそのリスク発生率を読み込んで融資金利を設定している。だから融資金額の多寡よりも、適用金利に対する融資審査の目が厳しく注がれる。格付けと整合性が取れていない金利適用はご法度である。

アメリカ銀行社会が「起こることを想定した」社会であるのと反対に、日本の銀行社会は「あってはならない」社会である。この主義のもとでは、事故防止を目的とした規則過多になりやすい。融資審査では一件処理主義、つまり一件ごとに案件を審査してその是非を判断するから、格付けと適用金利を厳しく連動させるアメリカ的な確率的判断が根付かない。

「あってはならない思考」は日本社会全体に染みついており、それが国全体を覆っていると言って過言ではない。当然金融業界を監督する官庁もこの思考で銀行を監督するから、銀行社会はますます「あってはならない社会」になるのである。だからこれを日本の銀行社会の問題だと指摘するのはややお門違いでもある。

「あってはならない」思考の問題は、改革や革新に対して、「それを実行して万が一にも問題が起こったらどうするのか」という批判の声が大きくなることである。国の政策であれば、そう主張する国民を説得しなくてはならないだろうが、常にリスクと背中合わせのビジネス社会で、「万が一」を危惧していれば、改革や革新は常に否定され発展もなくなる。

さらに日本の銀行社会では「あってはならない」思考が、融資に対する考え方を不健全なものにしている。焦げ付いたときにどうするかを考えることは、融資判断のモラルハザードを招くと考えるから、不良債権発生に対処するノウハウが蓄積されない。不良債権償却はあってはならないことが起こったのだから、それは特別損失だと考える。しかし金融先進国アメリカの銀行は、焦げ付き発生は営業推進上当然に発生する損失と考え、それを見込んだ利益計画を立てる。その表れが融資金利の適用に関する厳しい内部規制なのである。

言うまでもなく、「あってはならない主義」社会は、危険なことをしたくない、何もしないのが、間違いを起こさない一番の方策だ、と考える行員たちの楽園となる。

3 完璧主義

「あってはならない主義」が行き着くところは、万が一を想定したこと細かな行動規制、つまり「規則過多」である。完璧主義の弊害をもう一度再確認してみよう。

完璧主義のもとでは確率的判断思考が育たない。リスクを確率的に考える金融商品の代表格が消費者ローンである。だが小口金融を確率判断によるリスク管理ではなく、一件ごとに審査することにすれば、融資金額に比べて審査コストが高くなりすぎて、収益性ある商品にならない。これが長らく銀行が消費者ローンに進出しなかった原因の一つだった。

だが小口金融も相当数の扱い件数に達すれば、大数の法則が働いてロス率が推定でき、それを金利に織り込むことができれば、収益性ある商品となる。だが日本の銀行は一件たりとも焦げ付きを出してはならないとする完璧主義から脱却できなかった。これが銀行の小口金融進出を逡巡させた理由である。つまり融資における完璧主義が災いしたのだ。

昭和四十年代、小口金融のニーズが高まった。しかしその当時の銀行界には、融資判断における完璧主義を転換させ、新たな収益機会を求めようと考える銀行経営者は、ほとんどいなかったようだ。そして歴史が示すとおり、不健全な事業モデルを構築したサラ金が急成長し、多くの不幸なサラリーマンを生み出すという社会問題が生じたのである。

金融先進国アメリカでも「ローンシャーク」、これは小口ローンを武器にサメのように庶民から利益をむさぼる金融業者を指すものだが、この言葉がいまだに残っているように、1900年代初期に日本のサラ金問題と同様の社会問題が起こった。だがアメリカの銀行は確率的に考えれば小口金融も安全な商品になり得ると考えた。そして増大するそのニーズを健全な金融機関が吸収した。このおかげでサメどもが暴利をむさぼる時期はさほどは長くなかったのである。

反対に日本の銀行はサラ金の隆盛を目の当たりにしながらも社会ニーズが増大しているにもかかわらず、小口金融という収益機会を逃す「なさざるの罪」を犯して一部の国民を不幸にしたのである。その原因は金額の大小を問わず一件たりとも不良債権を出してはならないとする完璧主義、言葉を換えれば確率的判断ができない体質があったのである。

人が介在する仕事に「完璧」はない。にもかかわらず「あってはならない」主義を通そうとすれば、予防システムの構築、つまり厳格な規則主義に陥る。だが詳細に定められた規則でがんじがらめにされた行員は、また思いもかけないミスを犯す。加えて規則の縛りにばかり気を取られ、その遵守ばかりに汲々とする中間管理職を生み、それがさらに自らの判断で行動しない「指示待ち若者」を作り出していくのである。

4 マニュアル社会

銀行を舞台にした金融犯罪の多発、銀行員の絡む不祥事の多発、こうした背景もあって銀行業界はコンプライアンス完璧主義、そしてその行き着くところとして、銀行社会のマニュアル社会化が進んでいる。もともと銀行社会は規則過多社会である。

本店からの通達、取扱規則、注意喚起など、これでもかと指令が来るから、その内容を理解するだけで精一杯で、規則の制定の目的や作られた背景を知ることさえも難しい。規則にはその制定を必要とする背景があって、それに即した制定の目的を持っている。規則を守るべき行員はそれを理解することで適切な事務処理ができる。また規則に定めのない事態が生じたときには、類推を働かせて規則の趣旨に合った処理が可能となる。言葉を換えれば融通を利かせて顧客の不便を回避できるのだ。ところが規則制定の背景や、目的を理解しないまま実務に携わっている行員は、とんでもない茶番劇を演じる。その実例を示そう。

ある大手銀行の支店に振込の手続きに行った。振込用紙に、支店名に振り仮名をつける欄があった。同じ銀行の別の支店宛ての振込だったので、そこを空欄にして窓口に出した。すると女性が「この欄に支店名の振り仮名を書き込んでください」という。

なぜかという問いに対してテラーの女性が曰く、

「読めない支店名がありまして、オペレーターが困ることがよくあるんです」

「他の銀行に振り込むのではない。あなたの銀行の支店です。支店名の読み方は私よりみなさんのほうがよく知っているはずです」

窓口の女性は憮然として席を立ち、後方の代理のところに相談に行った。しばらく二人のやり取りが続き、それからにこにこしながら帰ってきて、支店名に振り仮名を記入する必要はありませんと言う。こんな些細なことを処理するのになぜそんな時間がかかるのか。

別の金融機関での出来事である。市役所から送られてきた固定資産税納付書を持って窓口に提出した。すると身分証明書の提示を求められた。なぜかと聞くと、十万円以上の現金振込では身分証明書の提示が義務付けられているからという。なるほど納付金額は十万円を超えている。振り込め詐欺防止のために十万円以上の現金振込に対して、そうした義務が課されていることも知っている。しかし市役所制定の、しかも納付者の名前さえ印字された納付書で税金を納めることが、身分証明書提示を必要とする振込になるはずがない。

だが窓口の女性は頑として譲らない。本店に問い合わせてごらんと言うと彼女は後方に下がって電話を取った。待つこと十分、やっと彼女は身分証明書を出せという要求を引っ込めた。電話に十分もかかったのは、おそらく本店の指導セクションも迷ったからだろう。

こんな笑い話のような馬鹿げたことが、自分の支店の窓口で起こっていることを、あるいは起こるかもしれないことを、現場の支店長は分かっているだろうか。

銀行社会には、「決めたられたルールに従うことは絶対」という企業風土があり、「ルールの目的に逸脱していないことが明らかであっても規則は規則、規則に定められていない取扱いをしてはならない」がカルチャーとなって定着している。

いやこれはカルチャーというより、銀行実務を縛る「神の声」とさえ言えるものかもしれない。それも原因のひとつだろうが、多くの銀行員たちは、その規則の目的とか意味を深く知ろうとはせず、あるいは教えられず、あたかも軍隊の訓練のように、盲目的に規則を守るようしつけられている。

支店が強くなっていくには、一人ひとりの行員が「判断力」を養い、臨機応変に対応できる能力を高めてなくてはならない。だがマニュアルに従うことを至上命令とすれば、マニュアル的対応に汲々とするばかりで、個々の行員の考える力は育たない。支店における事務処理は定型化されたものがほとんどだが、定型的処理に合わないものも出てくるのが常だ。そのときに個々の行員の判断力や倫理観、問題意識が必要になるにも拘わらずである。

だが先ほど紹介した二つの実話は、そうしたものが支店の現場で失われていることを示している。規則に盲従し、上司に判断を求める行員ばかりとなれば、行員の判断力は失われる。そして「指示待ち人間」となる。不祥事が続けば続くほど、マニュアル化が進み、「管理志向」の管理職が発言力を増すことになり、これがまた「指示待ち人間」の増殖を招く。

マニュアル社会化は社会心理学的見地から見ると、さらに深刻な問題を引き起こす。それは人間共通心理である「メンタルブロック」現象を引き起こすことだ。規則とか慣習、マニュアルを「ソーシャルブロック（社会的制約）」と言う。それに対し、自分で自分に制約を科すことを「メンタルブロック（心理的制約）」と言う。

「メンタルブロック」とは、慣習とか規則を前にすると、人はそれが定める禁止事項を必要以上に拡大解釈して自分の行動範囲を狭めてしまうことを意味し、心理学が突き止めた人間共通の心理である。噛み砕いて言えば、規則でこうしてはいけないと書いてあると、たいていの人はそれを拡大解釈し、それがだめならこれもだめだろうと否定的に捉えて（メンタルブロックがかかって）、あえて行動しようとしない心理を言う。

それは人間には常に安全志向があり、規則を緩く解釈して問題を起こすより、規則の定める禁止条項を幅広く解釈して、危険を冒さない、やらないほうが安全だという「安心願望心理」が作用するからだと言う。規則というものは、制定者が意図した以上に人間の行動を制約するのだ。規則過多は実に危険で、「指示待ち人間」を量産しやすいのである。

ところが日本社会には規則で人の行動をがんじがらめに縛る一方で、規則違反をあまり厳しく咎めない傾向がある。だが活力ある組織作りのためには、比較的緩やかな規則を定め、それを逸脱する人を厳しく咎めることのほうが良いのである。

5 指令過多社会

銀行社会では本店から次々と示される示達に、現場が振り回されることが実に多い。そればかりではなく、それを追っかけるように、数多くの本部指示が飛び交う社会でもある。頭取から直接与えられた融資権限を持ち、小さくとも一国一城の主であるはずの支店長が、本部部署が繰り出す指令に右往左往する姿は、滑稽を通り越して哀れさえ催す。

審査部に何度も頭を下げさせられ、業務推進部署に尻を執拗に叩かれる。支店長がそれを甘受せざるを得ないのは、支店の繁栄のためとか部下のためではなく、支店長自身に欲があるからである。その証拠に支店長を困惑させる本部指令の多くは、業務命令というよりは支店業績に関するものだ。業績は支店長の評価につながり、その評価は支店長の利益、つまり昇進に結び付いているという現実があるから、支店長はその束縛から逃れられないのだ。

銀行支店長は一国一城の主である。与えられた営業地盤と、顧客層を一番掌握しているのが支店長だ。だからかつての本部部署は、支店長の考えを尊重しその活動をサポートする役回りを演じてきたものだ。しかし今や支店長は本部の若手官僚にさえ頭を下げる。昨今の銀行支店長は小物ばかり、自己責任意識がないと上層部は嘆くが、本部指令過多が支店長を小物にしているとも言えるのではないか。そしてそこには業績至上主義が見え隠れする。

元来銀行支店長の任命基準は、業績貢献である以上に人物としての適合性であった。しかし時代とともに、支店長ばかりか重役推挙の基準においても、業績貢献度が強調されるようになった。そしてそれが現場の支店長に業績至上主義に傾斜した支店経営を強いている。

本部指令に右往左往する支店長は部下の目にはいささか浅ましく映る。かつては銀行社会に魅力あるポストは頭取と支店長だけだと言われた。その栄光のポストが支店長職なのだ。今や銀行社会から部下の憧れの的であった支店長像は消え去りつつあるのだろうか。

支店長の使命は、代々の支店長の一人として、長期的視点から支店の発展に尽くすことだ。前任者の積み上げた資産を維持発展させて後任者に引き継ぎ、時には前任者の失敗の尻拭いをし、また在任中にリカバーできなかった自分の失態の処理を後任者に託す。この連鎖が支店の営業基盤を強固にし、ひいては銀行全体の発展につながるのである。

この支店長としての矜持を持つことができる人だけが、支店長に推挙されるべきである。この矜持こそが支店中に対する部下の信頼と尊敬を集め、自分も支店長になってみたいとの向上心を抱かせるのである。彼らは決して指示待ち部下にはならない。

かつての栄光のポストは永遠に戻ってこないかもしれない。しかし頑なに銀行支店長の矜持を守ろうと考える銀行支店長は、今日であっても少なからずいるはずである。「指示待ち人間」問題の解決の鍵の一つがここにある。

6 指示氾濫社会

どんな組織社会においてもそうだが、トラブルや不祥事が発生するたびに、本部関係部署が注意喚起のための示達を発する。そして再発防止のためとして、新たな取扱手続きや規則を事細かに定め、現場にその遵守を求める。

ある銀行で起こった事件である。顧客宛てのファクシミリ送信で番号を間違え、別の顧客に送信されてそれが問題となった。数字を扱い慣れた銀行員のすることにしては、うかつな不手際だったが、事態を重く見たその銀行は、ファクシミリ送信記録簿を制定し、送信の際には事前に役席者の承認を得るという規則を定めた。稀にしか起こらない一人の行員の不手際が、全行員に余分な手間を強いることになったのである。

支店の忙しい現場をよく知る者であれば、顧客がファクシミリ番号を言い間違えたかもしれないし、行員が聞き間違えたかもしれない。気がせいていて番号ボタンを押し間違えたのかもしれない。だから、送信記録簿を制定しても、誤発信を完ぺきに防ぐことはできないと考える。だがこの新ルールを「行員に余分な負担をかけるだけの悪法だ」と誰が批判できようか。ないよりはましな規則だからだ。しかし費用対効果から見ればやはり悪法である。銀行風土の持つ完璧主義は、時にあまり合理的とは言えないこうした指示を生むのである。

プロスポーツの世界では、コーチも高給で雇われている。だから野球を例に取れば選手の打撃や投球フォームに細かく口出しし、自分の指導に従わせようとする。さもないとコーチとしての仕事をしていないと言われそうだという強迫観念が働くからだ。それがかえって選手のフォームを崩す元ともなる。

同様に現場を監督するのが仕事である本部機構も、野球コーチと同じように、何かしないと仕事をしていないとの批判をされそうだという強迫観念にとらわれるのか、事あるごとに現場の活動に口出しをする。注意喚起やアドバイスに徹するだけなら問題はないが、支店長の行動の一つひとつに口出ししていれば、野球コーチと同じ罪を犯しかねない。支店の現場は支店長が一番良く知っている。方法論は支店長に任せるべきだ。

銀行の本部機構は「指令」を出して「結果」を管理監督するところ、つまり目標を明示して業績を査定するところであり、支店長に対しては結果責任だけを問えば良い。いちいち口出しすれば現場の行動を束縛し、支店長さえ「指示待ち人間」にしかねない。

確かに本部機構はトップに近いところにいて、事が起こるたびに「関係部は何をしているか」を厳しく問われる。その苦労はよく分かる。だからと言って慌てて「支店にはこう指示しました。こんな規則を作りました」などは如何なものか。現場への指示は現場の視点から説き起こして考えるもの、という原則を忘れないように。

7 支店長像の変質

かつて企業組織のリストラクチャリングの必要性が叫ばれたとき、日本の企業に一般的なピラミッド型組織構造を、文鎮型に転換するべきだと叫ばれたことがあった。ピラミッド型組織は、指示命令系統のチャンネルが長くなりがちで、迅速な意思決定と現場の俊敏な行動を妨げるからという理由である。下の意見を上に吸い上げるとき、上の指示を下に伝えるとき、中間管理層がボトルネックになることが多いからだとも言う。

反対に文鎮型組織は、現場を担当する社員たちを並列に並ばせ、意思決定者と直接向き合わせる、つまり課長とか係長といった中間管理職を排することで、情報の流通を良くし、意思決定の迅速化を図るものとしてその長所が喧伝されたのである。

確かに一般企業においてはそのとおりだろうが、銀行組織をそうした論理に従って変える必要性は薄い。それは銀行社会には支店長ポストの概念が確立していて、支店長には多くの権限が付与されているからである。銀行社会ではこの支店長像が永らく認知されてきた。つまり銀行社会の支店長制度は元来文鎮型組織であり、支店長を頭として支店の行員たちがその下に並列に並んでいる。したがって、ここでは銀行にもピラミッド型組織構造の弊害があって、それが「指示待ち人間」を作りやすい風土になっていると論じるつもりはない。

しかしここにきて「支店長は頭取と並んで銀行員憧れのポスト」という支店長像が消えつつあることには注意を向けなくてはならない。銀行支店長がピラミッド型構造に組み込まれ、中間管理職の地位になり下がりつつあるのだ。

確かに形式的には銀行支店長はこれまでどおり相当の貸出権限を持ち、支店の問題は支店で解決することになっている。だが前項、前々項で記したように、支店長は今や本来サポート役であるべき本部部署の管理下に置かれる、下部組織の長となり下がりつつあるのだ。

本部部署の指令、指示に振り回されて、多くの局面で実質的に支店長裁量の余地が小さくなっている。このままで本部部署の指示の力（これは明らかに権限によるものではない）が強くなれば、支店長がピラミッド型組織のガンを形成しかねない。つまり本部支店間の情報流通が支店長というボトルネックによって阻害されかねないのだ。

支店長の融資権限にも支店長の中間管理職化の問題がある。監督官庁が示達する融資取引先の格付け基準は、支店長の融資判断自由度を大きく制約している。これでは融資業務についても支店長は最終責任者ではなく、融資業務を管理する中間管理職であるかのようである。融資判断基準の設定は監督行政の問題であり、それを変えるのは難しいだろうが、本部部署の実質的権限の増大が支店長ポストの矮小化、支店長の「指示待ち人間」化を招いていることに関しては改めて注意を喚起すべきだろう。

8 リターンマッチのない社会

日本の銀行社会には「心配症」の人が多い。一度ミスを犯した行員は、二度三度と同じミスを犯すかもしれないと考える。しかしアメリカ社会では一度ミスを犯した行員は、失敗経験がある分賢いと考える。現にかつて為替投機で失敗して世間を騒がせたある日本の銀行の為替ディーラーは、懲戒免職になった後にアメリカの銀行に高給で雇われたという。

日本の銀行社会で行員を評価するときのマイナス評価の基準に「一事が万事」がある。「どのポストを与えてもできる行員はできる」とポジティブに考えることもあるが、概して「一事が万事」である。失態を演じた行員は別のところでも失敗をするだろうと考えやすい。

しかしこれは不合理だ。いつもミスをする行員がいることは間違いないが、これを優秀な行員の失敗にもあてはめてはならない。アメリカビジネス社会では、彼がそのポストで失敗したのは、そのポストにつけた側に責任があるかもしれない。別のポストを与えて再チャレンジさせよう。それでだめなら即クビだと考える柔軟さを持っている。

日本の銀行社会の人事評価では「画竜点睛を欠く」、あるいは「九仞《きゅうじん》の功を一簣《いっき》に虧《か》く」とされることがある。その裏には抜きんでた能力を発揮する行員への嫉妬、頭角を現した行員を引きずり降ろそうとするための理屈、などいささか疚《やま》しい考えで利用されることもある。

欧米社会には気性の激しい経営者が多いから、一度の失敗を咎めて実績ある社員を追い出すことが多いようだ。だが理性的な経営者は良いものは良いと評価し、悪いところがあればそこからマイナス評価点を引いて評価を決めるだろう。この際日本の銀行社会の持つ、失敗した者の烙印を、いつまでも消さない組織風土は再考すべきである。

なぜなら、失敗の烙印を押された行員に再チャレンジの機会を与えなければ、彼がどんなに優秀な銀行員であったとしても、いや優秀であればあるほど、「指示待ち人間」化する可能性が高いからである。また大きな功績が一つの失敗で無にされるのなら、決して危ないことはしない、指示に従って黙々と、と考える行員が出てくるのは当然である。

失敗した行員の何割かはチャレンジ精神旺盛な行員である。失敗を恐れて何もしないずる賢い行員は、有能な行員が突出するのをいつも恐れている。だから失敗者にリターンマッチを許さない組織風土に悪乗りして、彼らを出世競争の場から追い出そうとする。失敗を恐れずチャレンジする行員と彼らとの、どちらが組織に貢献する人材か、言わずもがなである。

日本の銀行社会は、失敗者に再チャレンジの機会を与えないという人事政策によって、これまでどれほど目に見えない人的損害を被ってきただろうか。組織と人事の活性化の鍵はリターンマッチを許す組織つくりにある。

9 隠ぺい体質

日本の組織社会に共通する悪弊に「隠ぺい体質」がある。社内に不祥事が起こったとき、それを関係部署限りとして処理することが多い。事件が起こるたびに繰り返される「隠ぺい」。これは日本社会に共通するものだが、体面を重んじる銀行社会は、特に隠ぺい体質が強い。

「隠ぺい」から得られるものは何もない。どの組織においても事件の発生は貴重な教育機会である。事件の経緯と結果を公表することで教訓が得られ、行員の気を引き締めるなどという効果がある。隠ぺいが成功してもそこからは何も得られない一方で、隠ぺいが不成功に終わり事件が明るみに出たときの組織が被る被害は甚大である。

支店内で事件が起こったときは、少なくとも支店行員全員に向けて、なぜ起こったのか、その結果がどうだったのか、それを公開してみんなに考えさせることが必要である。隠しても分かること、隠せば隠すほどあらぬ噂が飛び交い、問題を起こした行員は針のむしろに座ることとなるし、いつまでたっても支店内は暗いままだ。あっけらかんと情報開示すれば、再発防止対策にもなり、他の行員各自が自分の執務姿勢を反省するきっかけにもなる。人は良いことよりも悪いことから教訓をより多く得るものである。

他店で起こった融資事故、事務ミス事件、行員の不正事件の経緯を行員たちには知らせないことがほとんどである。これらはまさに「他山の石」とすべきものであって、本店はその事件の発生とその後の経緯を明らかにし、全店の少なくとも支店長に対してはそれを開示し、注意喚起を促すべきである。支店長はそれを解釈して部下に伝えることで、自店での事件発生の防止に役立たせるようにするのが適切である。特に融資事故は複雑な要因が絡んで問題発生となることが多く、事故事例は大いに参考になるはずである。これは事務事故に関してもまったく同じことが言える。

銀行社会では行員が不正を働き懲戒免職処分が下ったとき、人事異動通達では単に「退職」とだけ示達するのが通例である。しかし他の業種では「懲戒免職」と記すばかりか、懲戒理由までも人事通達に明示する企業があることを、銀行界の人々は知っているだろうか。「退職」とだけ記すのは、銀行社会特有の温情主義からくるものか、隠蔽ぺい体質からくるものか。

人事評価やボーナス査定がブラックボックス化していることが多い。評価は評価される部下が納得するまで話し合った上で決めるべきである。多くの他業種ではそれが実践されていることを銀行社会の人間は参考にすべきである。

若者の素朴な疑問に対して「まだ君は知らなくて良いことだ」と言っていないだろうか。銀行社会には経験主義が強いためにそうなるのだろうが、現代の若者はそうした上司の答えに不満を抱きやすい。隠ぺい体質はあらゆる視点から見て悪しき企業カルチャーである。

10 組織風土を変える

　ここまで指摘してきた悪しき組織風土の多くは銀行社会に特有のものではない。日本的な企業風土を持つ組織体であればどこにでも見られるものである。

　しかしながら不幸にして銀行社会は、バブル崩壊後の四半世紀、様々な要因から、問題点指摘体質をはじめとして、規則過多による保守的傾向をより強めているということだけは特に強調しておきたい。さらに今後、金融監督の目がより厳しくなっていくことは想定できても、その規制が緩和されることはまずないだろう。コンプライアンス完璧主義が今後もますます強くなるだろう。しかしだからといって今銀行社会に存在する「指示待ち人間生成機」とも言うべき組織風土を放置したままにするわけにはいかない。

　その中にはおそらくは決して変えられないものもあるだろう。ではどこに手をつけたらよいか、ここでそれを考えることとする。

　まず「問題点指摘型組織風土」は、方向転換が容易なもののひとつだ。チェックアンドバランスとは、特定の部門に権力が集中すると、その権力が暴走しやすい、それをチェックする部門を持つべきだということだが、銀行社会にそれを当てはめれば、金という危険物を扱っている以上、業務推進のために安全主義を後退させてはならないと言うことになる。

ちなみにバブル経済時代の銀行行動は、業務推進ばかりが前面に立ち、チェック機能が麻痺したことから生じた不適切なものであった。もちろんそこには当時の時代背景があったわけだが、他行の動き、時代の流れに毒された経営判断が看過されたのだ。同じ過ちを繰り返さないためにも、問題点指摘を重視することは、これからも必要であることは間違いない。だが今振り子が反対の方向に大きくぶれている。チェック機能が働きすぎて、業務推進とか改革、革新という組織活性化力が必要以上に影を潜めていると言えるのだ。

「ネガティブ思考」を抑え、「ポジティブ思考」をカルチャーとする転換を図るべきである。言葉を変えれば「イエス・バット法」を行内に広めるのだ。まず提案を受け止める。つまり「イエス」。そしてその後で提案の問題点を指摘する。つまり「バット」。はじめからノーと反応すればその時点で思考停止が起こり、提案の良い面を見過ごしてしまう。またいつも「ノー」から入る上司の下で働く若者は、提案する前から意欲をなくしてしまう。

経営陣の意識転換も必要である。彼らは上司の「ノー」に耐えて今日の地位を築いた人たちだからである。問題点指摘型の持つチェック機能を残しつつ、組織の活性化を図り、また優秀な人材が「指示待ち人間」化するのを防ぐ方法が、この「イエス・バット法」である。

「あってはならない主義」と「完璧主義」は同じである。すでに指摘したとおり、あってはならないとする考えの最も危険なことは、あってはならないことが起きたときに、どう対応するかを考えることは「モラルハザード」を招くと考えることである。特に融資についてであるが、これまでの日本の銀行社会は、たとえ十万円でも焦げ付きは起こしてはならない、融資事故が起こることを想定した体制を取れば、甘い融資判断を招くと考えてきた。バブル崩壊、リーマンショック以降、「銀行融資に焦げ付きはつきもの」との考えがようやく一般化してきたようだが、いまだに融資判断における「モラルハザード危機論」を唱える声は消え去ったとは言えないようだ。この論法を論破できないのなら、せめて融資事故事例集、融資管理回収マニュアルの充実を図ることで対応すべきだろう。

「完璧主義」が「確率的」な判断を妨げている例は、銀行社会にあまりにも多い。たった一人の顧客のクレームに過剰反応し、稀にしか起こらない事務事故を防ぐために煩瑣《はんさ》な規則を定める。窓口サービスも、事務処理手続きも、融資判断も、人間が関与するものである限り無謬ではあり得ない。稀にしか起こらないトラブル発生防止を、規則とかルールの制定で対処すれば、圧倒的多数の行員の行動を必要以上に束縛するだけである。本部関係部署だけでも「あったときにはどうするか」を常に研究するという態制で臨むべきだろう。

また「規則過多」の弊害は「メンタルブロック」についての解説で示したとおりであり、さらに指令や指示過多も行員の「指示待ち人間化」に拍車をかけていることも忘れてはならない。そして支店活動に対する「指令過多、指示過多」が、支店長をも「指示待ち人間」にしつつあるのではないかとの懸念も払しょくできない。

銀行支店長は、頭取直轄のポストであり、与えられた営業地盤において銀行を代表し、一定の権限を付与されている一国一城の主である。結果を咎められることはあっても、プロセスは支店長の裁量の範囲とするべきだ。だがバブル崩壊以降、銀行支店長の地位が変質したように見受けられる。その原因の第一としては、金融業の専門化、高度化と金融監督庁の創設といった金融環境の変化が挙げられるだろう。だがそれと並行するように、業績至上主義の傾向が強まり、本部機構の支店長への締め付けが厳しくなり、一方で「支店長の矜持」が忘れ去られつつあるようにも見えるが、いかがなものであろうか。

銀行社会がこれまでリターンマッチを許さない主義で来られた理由は、優秀な人材が集まりやすいこと、特別な専門性を必要としない職種であること、だから代わりの人材はすぐに見つけられたからである。しかし組織にとって真に必要な人材、アイデア豊かで行動力がある人材は、実はさほど多くはない。しかもそのような人材に限ってこの被害者となることが多い。行動する優秀な人材のリターンマッチを許さなければ、この激動の時代、銀行の将来は暗い。この風土を変えることは、経営陣の考え方ひとつでできることである。

現代組織社会は、社会からの強い情報開示圧力と内部告発にさらされている。そして「隠ぺい」がもたらす信用失墜被害の甚大さは、今や誰もが知るところとなっている。銀行社会が「隠ぺい体質」を改めざるを得なくなるのは時間の問題だろう。

第六章　もう一つの「指示待ち人間」問題

銀行の支店で働く中間管理職、課長とか支店長代理と呼ばれる行員たちのことであるが、彼らの多くは、自分の仕事は担当業務部門の大過なき運営のために「管理する」ことであると考え、黙々とその責務を果たしているようである。もちろん彼らは「指示待ち人間」ではない。これまでの銀行勤務経験をもとに、自身の判断に基づき自主的に行動もしている。しかし多くの支店長は、彼らを一種の指示待ち人間と見て、不満を抱いている。

この支店長の悩みの発生原因に、「管理職」という呼称がある。管理職と呼ばれているから せっせと管理に力を入れているのだ、そのどこが悪いのか、と彼らは不満を漏らすかもしれない。しかしこと支店業務に関して言えば、中間管理職の役割は「管理」だけではない。支店のどんな部門にも、「営業推進」とか「事務の効率化」あるいは「貸出資産の良化」など、管理を越える重要な仕事がある。多くの支店長はそれにもう少し目を向けてもらいたいと考え、それをしない中間管理層の存在に不満を抱いているのである。

そもそも彼らは職制上で言えば支店の幹部である。支店経営全体について、自部門の長であるという立場を離れて、支店長の良き補佐役として、時には進言し、また時には諫言もする役割を持っている。だがそれを自覚し、実行している中間管理職は少数派である。

支店の中間管理職には、いわゆる中高年層に属する行員が少なからずいる。支店長より年長であることも多い。そしてその多くが内部事務管理者、つまり守備的ポジションを任されている。彼らには自分の銀行員人生のゴールがほとんど見えている。そんな彼らの関心事は定年まで大過なく仕事をこなし、退職金を少しでも減らされないように、である。だからもっぱら「管理」だけ、守備だけを大切に考えることになるのだ。

彼らをどう扱うべきか。彼らは本書がここまで執拗に指摘してきた、銀行社会の組織風土、つまり「指示待ち人間」を作りやすい風土に慣れ親しんできた行員である。彼らと若者の年齢差は、父親と子どもの差ほどにある。しかも銀行経験が豊富で、若者の自由な発想を咎める言葉を数多く持っている。若者に対する影響力は大きいのである。

だから彼らの守りに偏った執務姿勢を問題視する以上に、彼らの言動が配下の若手行員たちの行動を制約し、若者らしい創意工夫を排除し「指示待ち人間」を作り出してはいないかを、より問題視しなければならない。つまり中間管理職問題は、若手行員の指示待ち人間化とセットにして考えなくてはならないテーマなのである。

中間管理職は一人前の大人である。その馬を川辺に引っ張って行っても、その馬に水を飲ませることはできない。ではどうしたら良いか。本項ではこうした問題意識のもとに、中間管理職の教育指導の在り方を考えることとする。

1
謹厳実直渋い顔

銀行の窓口に行くとにこやかに応対する窓口のテラーの笑顔と、その後方に控える支店長代理とか営業課長などといった役席者の、押し殺したような顔つきのコントラストが目につく。銀行業はサービス業である。役席者もまたテラーに対して「笑顔で応対」を指導しているはずである。この奇妙なコントラストをどうも銀行マン自身は気付いていないようだ。

ある銀行員の結婚式のエピソードを紹介する。

結婚式に出席した新郎の友人の一人が、披露宴たけなわ、席が乱れた頃になってギターの弾き語りを披露した。お定まりの友人の余興が始まったかと、乱れた座が静まらない。ところが彼が二小節ばかり歌い終えた頃には、宴席はシーンと静まり返った。あまりにも見事な弾き語りに、招待客は耳を疑ったのである。そんな中で列席していた主賓の一人、新郎の上司である銀行の部長が、隣の席に座った銀行とは無関係の世界の人に語りかけた。

「あの若者はもしかしたらプロではないでしょうか、素晴らしい演奏ですね」

「彼は銀行マンではないだろうか。その証拠に彼は何か押し殺したような顔をしている」

その銀行部長は新郎に彼の氏素性を尋ねた。そして彼が知る人ぞ知る有名なアマチュアのシンガーソングライターで、ある大手銀行に勤める銀行員だと知った。

銀行の部長はわれとわが身を反省した。どうも銀行員は知らず知らずのうちに押し殺した顔を持つようになるらしいと。その部長は、のちに人事担当の副頭取となったのだが、毎年の新入行員への訓示のときには、このエピソードを紹介して諭したという。

「何年か銀行員をしているうちに、他人から見ると持っている雰囲気だけで銀行員だと見破られてしまうようになりがちだ。わが銀行はそうした銀行員を求めていない。あなたは本当に銀行員ですか、とてもそうは見えません、と言われるような、いつもはつらつとして若々しく、新しいことに挑戦する銀行マンでいてもらいたい」と。

銀行勤めを終えて地域社会に戻ってきた銀行員、特に中間管理職を最後にお勤めを終えた銀行員卒業生には、なぜか暗い顔をして無愛想で、積極的に地域住民と交流しようとしない人が少なくない。事故が起こらないよう、顧客とのトラブルを回避しようと「管理」に汲々としてきた銀行時代の生活を引きずり、新しい人との交流を疎ましく思うからかもしれない。だが銀行の職場にあって、主として若者の教育を担当するのは彼ら中間管理職である。

現代の明るく素直な若者たちが、のびのびと働ける環境を作り、若者らしい創意工夫の芽を育てる中間管理職を作り上げる必要がある。「謹厳実直、渋い顔」をやめてもらおう。支店長は中間管理職に命令するのではなく、明るく声をかけよう。問題を指摘するのではなく、彼らが受け持つ部門の、「推進、効率化、活性化」の方法を彼らとともに考えるのだ。

2 「管理職」という言葉

支店長も管理職と呼ばれるが、その責務がもっぱら支店を管理することと考えている支店長は誰もいないはずである。支店長は支店内部を統括する一方で、支店の最強の営業マンとして、業務推進の最高責任者、言うなればプレーイングマネジャーである。

支店内にはこれも「管理職」と呼ばれる事務方の責任者、融資の責任者、そして営業推進の責任者が働いている。ところがこうした中間管理職には、自分の仕事をもっぱら「管理」と捉えている向きが多い。だが支店には管理するだけが仕事というポストはない。

営業担当の責任者には当然のことながら「業務推進」の責務があり、それをおろそかにしている責任者はいないだろう。だが内部事務を統括する管理職もまた、事務の効率化、店頭営業体制の構築、働きやすい職場環境づくりといった「推進」に属する責務を持っている。融資の担当責任者は、稟議書きなどの融資事務以外に、貸出資産の良化などといった重要な「推進」業務を抱えている。だがそれに積極的に取り組もうとしない中間管理職がいて、それが支店長の悩みの種となっていることはすでに述べたとおりである。

営業成績が優れていたために営業職の管理職に登用された行員が、そのポストに就くと、どうも陰が薄くなることがある。これにも「管理職」という言葉が影響していると見て良い。

平の行員時代に営業推進に向けてきたエネルギーを、昇格したとたん部下の管理に振り向けてしまうのだ。しかも彼が持つ部下は、昇格していない。つまり彼ほど営業推進能力がないのだ。そんな部下を全人格的に管理しようとするから、心労も増しその効果もはかばかしくないのだ。こうして彼の支店における影が薄くなる。さほど所帯の大きくない支店では、営業マンたちの人事管理は、直接支店長ができる範囲にある。彼には最低限の管理仕事をさせ、その大半のエネルギーを元の営業マンとして発揮してもらうのが良い。

営業経験の長かった行員が、内部管理役席者に登用されて影を薄くしやすいのは、仕事の不慣れ、男社会から経験豊かな女性が主導権を握る社会に入り当惑して孤立するからだ。支店長は彼の仕事ぶりを批判する前に、彼の悩みを受け止め、支店長の目から見た事務の効率化、店頭営業の工夫の在り方を語り、ともにそれを考えるべきである。融資事務能力を認められて融資役席となった行員は、部下を上手に使う方法を考えさせる。彼らは自分に能力があるだけに部下の仕事につい手を出し、係全体を見ることを失念しやすい。

中間管理職に対して抱く不満は、支店長自身で解決できる部分が大きい。支店長は彼らの行動を客観的に見ることができるのだから、彼らに指示命令するのではなく、気がついたことについて彼らにアドバイスする立場にあることを忘れてはならない。中間管理職に対する不満解決の鍵は、彼らとの対話を増やすことである。それが不足していないだろうか。

3 支店長と中間管理職の関係

支店長というものは、どんなに有能な中間管理職に対しても、なにがしかの不満を持つものだ。適切に部門を運営し、部下の指導育成に遺漏がなく、支店業務推進に力を発揮し、支店長の意を挺して先回りして行動する、などと言った支店長から見れば理想の中間管理職は、この世にはいないと心得ると良い。

もしそんなパーフェクトな中間管理職がいたとしたら、行員たちの目の半分は彼のほうに向いてしまう。すると支店長の存在感が薄れ、支店長を頂点とした店内統制の問題にも関わってくる。そうなれば支店長としては内心穏やかではいられなくなるだろう。実際問題、他の部下たちが、わが支店には事実上二人の支店長がいるようなものだなどと考えるとしたら、支店運営にいろいろな支障が生じてくる。

経験豊かで賢明な中間管理職であれば、そんなことは百も承知である。だから有能な部下であればあるほど、支店長を立てるように立てるように立ち回る。時にはオッチョコチョイ役を演じて、わざと支店長に注意させるなどという、道化役も演じる。若い行員から相談を受けたとき、それに対する答えを自分が持っていても、ものによっては「それは直接支店長に相談すると良いよ」とアドバイスするなどという高等戦術を駆使することもできる。

日頃ついその仕事ぶりや言動に不満を持ってしまいがちな中間管理職の中には、実は支店活動の要となっている部下、特に次長とか課長といった上位の中間管理職がいるものだ。だが支店長の目にはそれが案外よく見えない。彼らの表面的な行動をだけ見て、悪くすれば「ごますり男」、良く見て「有能なことは認めるが任せきりにはできない役席者」と判断し、ついちょっとした不満を持ってしまうこともある。自分の部下にそうした中間管理職がいないだろうか、自分はそれを見過ごしてはいないだろうか、そんな目で部下たちを観察することも必要である。自分の心に湧いてきた中間管理職への不満は確かな事実をもとに抱いたものなのか、もう一度考えてみる必要があるのである。

一方部下の立場から支店長を見ると、パーフェクトな支店長はうっとうしいばかりか、何でも支店長に任せておけば良い、判断は支店長がしてくれる、という気持ちを起こさせかねない。抜けたところをときどき見せる支店長であれば、人間味のある上司と受け止め、特に有能な部下ほど、緊張感を持って支店長の補佐役に徹しようと考える。つまり理想的な支店長を演じようと肩を怒らせることはかえって害になりかねないこともある。パーフェクトな支店長は、部下たちの心の弛緩を招きやすいのである。

支店長と支店幹部の関係は、夫婦関係に似ている。人間がよくできていて他人からの評価も高い夫と、賢妻の誉れ高い妻のカップルは往々にして夫婦関係が破たんしやすい。むしろ家庭内のことはすべて妻任せの夫、明るい性格なのは良いがあわてん坊で失敗ばかりしている妻、こんな夫婦がかえって強いきずなで結ばれた良き夫婦になる。それは、夫は夫であの妻の性格では自分がいなければ家庭はおかしくなりかねないと思い、妻は妻で私がいなければうちの旦那は生きてゆけない、などと二人とも相手をそう捉えるから、自然とお互いに助け合い、相手の欠点をがまんし許し合うことになり、それが良き夫婦関係を作り上げるというわけである。

職場においても同じこと、パーフェクトな中間管理職と、これまたパーフェクトな支店長との組み合わせは不協和音を招きやすい。支店長が支店幹部を信頼しきれないと考えれば、常に部下の言動に注意を払うことになり、結果として支店の雰囲気も締まる。危なっかしいところがある支店長をいただいているからこそ、中間管理職もまた緊張感を持って仕事をするのだ。つまり中間管理職がパーフェクトであることも、支店長がそうであることも、支店運営にとっては決して好ましいことではないのである。

もう一度中間管理職を見直して、まず信頼しても信用してない。つまり「大きな信頼、小さな不満」これが支店長と中間管理職の良き関係を作るのである。

4 中間管理職の評価

中間管理職の評価では部下が彼らをどう見ているもまた、重要な判断基準である。「360度評価」などと言う手法が使われることがある。大学では教授の講義ぶりを学生にアンケートして教授の評価に活用しているところも多い。だが部下がつけた評点を上司の評点にそのまま利用するのは危険である。人の評価にはかならず個人的感情（好き嫌いとか合う合わない）が入り込むからだ。上から見た中間管理職と部下から見たそれとにどのようなギャップが生まれるか、それを検証するために行った、あるサーベイの結果を示す。

その検証に活用した職場は、五人の中間管理職が、十二人の部下を共有して使うという、やや特殊な部署であった。中間管理職が外部から委託仕事を取り、そのテーマをこなすのに適した社員を十二人の中から選び、あるいは彼らの希望を受けてチームを編成し、中間管理職がリーダーとなって仕事を進めるという形がとられている。つまり十二人の部下たち全員が、何らかの形で五人すべての中間管理職の指揮下に入る機会がある。

その特殊性のおかげで、一人の社員が五人の管理職を比較して評価したデータを取ることができた。360度評価の実態を比較検証できるという利点があり、そこから得られる示唆も多かったので、ここであえて紹介することとしたものである。

左のページに、部長の印象評価と、十二人の部下たちが点数で評価した結果を並べて示した。これを見ると、C君は部長からも部下からも評価が高い。だがそれ以外、特にA君、B君は、部長は評価しているのに部下の評価点が低い。逆にD君、E君については、部長はたいして評価していないのに、部下の評価点が高い。特にD君についてみると両者の評価に大きな違いが見て取れる。なぜこうしたことが生じるのか。

これを部下評点のばらつきから探ってみる。A君は三人の部下から高い評価を得ているが、低い点をつけた部下も多い。B君も同じでそれの傾向がより強い。高く評価する部下がいるにもかかわらず、低い点をつける部下がいるために、総合評価が低くなっているのである。

一方高評価を得たE君はとみると、高得点を与えた部下がほとんどいないにもかかわらず、低く評価する部下がいないために全体としては部下評価が高く出ていることが分かる。

D君の場合、部長が平凡で頼りないと評価しているにも関わらず、部下評価ではA君、B君よりも上位にある。D君を高く評価する部下が誰もいないことを見て分かるように、部長の評価が低いのではなく、部下もまたD君を高くは評価していない。D君に低い評価点をつけた部下がいなかったために、A君やB君よりも評価が高く出たのだ。

部長評価、部下評価ともに最高のC君に対する部下評点のばらつきを見ると、なぜか極端に辛い点をつけた部下が数人混じっている。これらをどう解釈したらよいだろうか。

部長の評価			部下評点計	部下の評価のバラツキ

	印象評価の内訳	
A君	能力	高い
	執務	割切り派、能率はよい
	人望	あるような、ないような
	教育	教育はOJT主義

110点

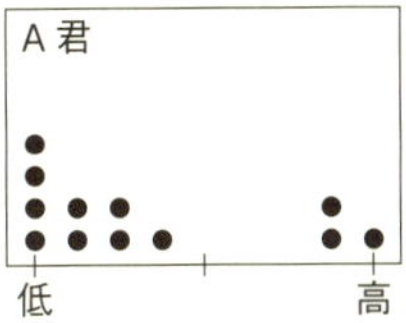

B君	能力	平均より上位程度
	執務	部下に押しつける
	人望	はっきり二分される
	教育	厳しく指導する

108点

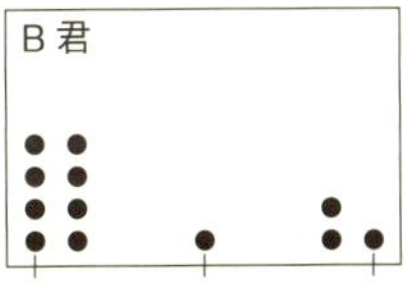

C君	能力	非常に高い
	執務	猛烈社員
	人望	ファンが多い
	教育	非常に熱心

180点

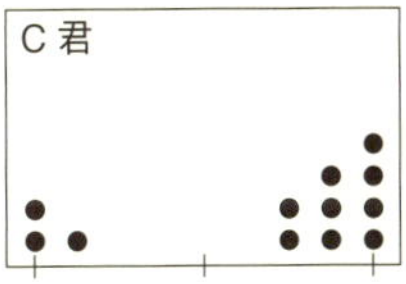

D君	能力	平凡
	執務	几帳面
	人望	誰も悪口を言わない
	教育	割とやっている

150点

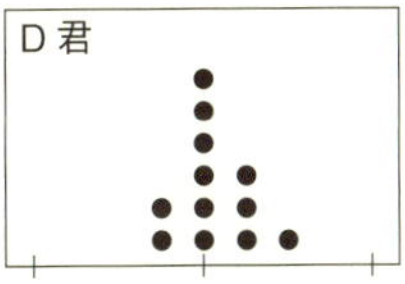

E君	能力	手固い
	執務	まじめ
	人望	ある
	教育	ていねいにやる

174点

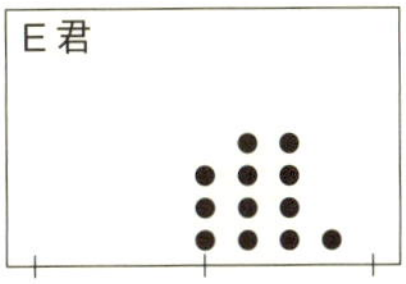

考えられることは、C君の部下教育に対する熱意が、現代の若者相手では裏目に出ていると言うことだろう。A君とB君の評価のばらつきもまたそれを裏づけている。二人の厳しい指導が部下の反感とか、辟易感を招いているのかもしれない。

このサーベイはいみじくも現代の若者の気質を明らかにしたと言える。一般的に言って、業務推進の総責任を負う部長にとって頼もしい中間管理職とは、部下をぐいぐい引っ張って業務にまい進するタイプである。だからC君に高い評価を与え、A君、B君に対しても部下統率にやや問題がありそうだとは感じるものの、中間管理職としては好ましいと考えたのだろう。反対にD君は、そつなく係をまとめてはいるようだが、リーダーとしての迫力が感じられない。E君はD君よりはましだが、手堅いだけではこの厳しい社会を乗り越えられない。部長としてはもっと頑張ってほしいと考える。だから部長のD君、E君の評価は辛めになる。

しかし現代の若者には、自分たちをやさしく指導し、また扱ってくれるD君やE君のようなリーダーは好ましいと映っているようである。中間管理職の大切な役割には、係内融和と部下指導があるのだから、自分の辛めの印象評価を上方修正すべきだろうか。

部長からも部下評点でも高い評価を得たC君には、彼を批判する部下が三人もいる。これはD君にもE君にも見られないことだ。不満分子を抱えているということは係内をまとめるという大切な役割に問題があるということだから、C君の評価をその分だけ低めにするべきではないか。この二つの疑問が生じる裏には、３６０度評価の利点と欠点が隠されている。

360度評価には、D君の例にあるように上からはなかなか見えない中間管理職の実像が、浮き彫りにされるという大きなメリットがある。この事例においても、部長から見れば落第すれすれであるD君が果たしている重要な役割が見えてきた。つまり部下指導において中間管理職に求められる仕事で成果を上げていることが明らかになったのである。

一方C君の例である。C君タイプは、リーダーの強さについていけない力の弱い部下から、低い評価を受けやすいものである。こうした部下たちの評価はC君のリーダーとして公平に評価したものではなく、上司に感じる合う合わないという個人的感情から来るものである。

部長はC君のリーダーとしての力量を重視して評価すべきか、C君についていけない部下たちのその声を評価に反映すべきか。明らかに前者である。しかし360度評価の結果をそのまま受け止めれば、C君の評価は後者に引きずられて低く出てしまう。つまり360度評価における部下がつけた評点を鵜呑みにすることには、大きな危険が隠れている。これが360度評価のデメリットである。

360度評価を人事評価に反映させるとき、特に部下からの評価を解釈するとき、「部下がつけた評点をトータルで見る」のではなく、「評価のばらつきから読み取る」ようにすればこのデメリットは消える。結論を言えば、360度評価という手法は、使いようによって中間管理職の評価に有効な手段になるということである。

5

中間管理職の「報連相」

新入行員の研修でもっとも強調される言葉は「報連相」である。組織に働く者にとって最も重要な行動規範である。だから相当年数の経験を積んで組織人として能力が認められ、晴れて中間管理職に登用された行員は「報連相」に抜かりはないはずである。だが現実にはそうではない。さほど大きな支店でもないのに、支店内の中間管理職の動きがすべて支店長に伝わってきているということはない。

それは銀行員経験を積んだ彼らは、必ず報告すべきもの、報告しなくて良いもの、隠しても大きな問題にはなりそうもない都合の悪いもの、自分の裁量で処理できるもの、それぞれを仕分けしてすべてを支店長の耳に入れるようなことはしないからである。だがその判断は時として支店長の考えとは違うことがあり、報告しなかった事実が明るみに出て、しかもそれが大事になって支店長を怒らせてしまうことがある。

と言って細大洩らさずいちいち報告する中間管理職はうっとうしい。彼の管理職としての力量さえ疑ってしまう。信頼して任せている中間管理職が、たいていのことは自分の腹に収めてしまっていると報告がないことに不満を持つ。支店内のことは細大漏らさず報告してもらうほうがありがたいと考える一方で、些細なことは中間管理職限りで処理してもらいたいと考える。支店長というものはわがままなものである。

加えて中間管理職の「報連相」には何かとバイアスがかかるものだ。勘違いとかうっかり忘れと言った間違いがある上に、経験が豊かである分、報告内容を故意または無意識に粉飾してしまうことがしばしばあるのだ。支店長の機嫌を伺う、反応を気にすることからくるものから始まり、細かいことを忘れることも日常茶飯事だ。支店では常にこうした支店長と中間管理職との間にすれ違いが生じていて、支店長はそれに不満を抱くのである。

ここで支店長自身の「報連相」はどうなのか、それを考えてみよう。部下に対しては適切な報告がないと不満を持ちながら、自らは部下たちへの報告責任を果たしていない支店長がほとんどではないだろうか。自分の考え、自分の日々の行動内容を、逐一部下に知らせる努力をしている支店長は、おそらくは例外的であろう。部下には日報だとか、営業日誌だとか、様々な報告書の提出を求めていながら、自分自身は日報を書かず、日誌をつけている支店長もそれを部下に見せないのがほとんどだ。

支店長が部下の行動を見るときよりも、部下が支店長を見るときのほうが、はるかに視界が悪い。部下の目には支店長の考えや行動が実に見えにくいのである。支店長は部下から報告を取って支店内が見えているつもり、情報の共有化が図られているつもりであっても、それは一方的な情報共有である。この状態が中間管理職の「指示待ち人間」化を招きやすいことは自明である。支店長の考えや動きが良く見えなければ、先を読んで行動する中間管理層も育たない。

支店内における管理職層の情報共有は極めて大切なことである。管理職それぞれの行動から得られた情報の中で、もっとも貴重で管理職が等しく共有すべき情報は、支店長がその日その日どのように行動したか、顧客とどんな折衝をしたか、顧客の反応はどうか、得た情報にはどんなものがあるかである。だが支店長には、本店相手は別として、他人に報告する義務は基本的にはない。部下への報告を義務と受け止めている支店長はいないだろう。支店長は自分の行動は他人の指示を受けなくても、自己完結的に律することができるからだ。だから支店長はしばしば部下への報告を失念する。

支店長の行動や考え方、得た情報がタイムリーに中間管理職の耳に入っていれば、彼らは先読み行動もできるし、支店長と重なる動きも回避できる。部下への報告を怠る、いや報告の必要がないと考える支店長は、気が付かないまま中間管理層に迷惑をかけているのだ。

どんな小さな支店でも、支店長と部下との情報共有は、思っているほどできてないものである。そしてその過半の責任は支店長にある。とはいうものの、支店長が日報を書き、中間管理層に報告する、そうした仕組みが果たして現実に実現可能か。これについては後に「業務日誌の活用」と題して一つの事例を提示する。

6 中間管理職の悩み

指示待ち人間の問題は、支店長以上に中間管理職を悩ませている。彼らを管理して仕事をする立場としてだけでなく、支店長から彼らの指導教育を当然のことのように期待されているからである。だから部下教育に関する自分の悩みを、支店長に率直に訴えることができにくい。それは自分の能力を支店長に疑われることにつながりかねないと心配するからだ。経験豊かな中間管理職であればあるほどその悩みは大きいことだろう。支店長の「あの若手、何とかならないかね」の言葉は、彼の胸にぐさりと刺さっているだろう。

確かに支店長は一国一城の主である。中間管理職に対しても、指示し命令する立場にある。しかし、ほとんどの支店はさほどの大所帯ではない。業務遂行面では中間管理職に担当部門の管理運営責任を課すとしても、こと部下教育に関しては、支店長と中間管理職は共同歩調を取るべきである。いや両者はタッグを組んで部下指導に当たるのが当然と考えるべきである。支店長の声かけと直属の上司の言葉、それがハーモニーを奏でることで、部下教育の効果は大きくなる。

支店長が行う若手行員の教育責任の遂行には、中間管理層を教育の道具の一つとして使うことはあっても、中間管理層任せにしてはならない。

中間管理職は組織人としても一個の大人である。支店長より年上の人もいる。彼らは銀行員経験も豊富であり、彼らなりの銀行員としての生き方も定まっている。だから若い行員相手のように、支店長が彼らに対して自分の経験や生き様を語ることには、いささか二の足を踏むことになっても仕方がない。中間管理職側もまた、支店長を個人的悩みを打ち明ける相手にはしにくいという心理も当然働く。

これが理由で、支店長と中間管理職の対話が、「仕事」に限定され過ぎてはいないだろうか。支店長は中間管理職に対して、もう少し幅広のスタンスをとって構え、同じ釜の飯を食う仲間の一人として、互いの個人的問題を語り合う間柄になるべきではなかろうか。

両者に共通する話題は何か。支店長は自分と自分がこれまで仕えた支店長と常に比較して自分の行動を反省しているだろう。そして中間管理職はまた、これまでに何人もの支店長に仕え、かつて仕えた支店長のふるまいと、今仕えている支店長のそれとを比較している。比較の目には人それぞれの価値観が反映するから、同じ支店長を評価しても、その評価は人それぞれである。しかも同じ支店長でも若手行員として仕えたときと、中間管理職として仕えたときとでは評価が違うこともよくある。

と言うことは少しでも多くの他の支店長に対する評価を、少しでも多く彼らから聞き出すことは、支店長としての自分の在り方を考え直す良い機会ではないだろうか。また人が人を評価する言葉からは、評価する人の人間性を推し量ることができるものだ。

支店長である自分の評価を部下から直接聞き出すことは難しい。彼らは本音を漏らさない。しかし彼らがかつて仕えた支店長のどの部分を評価し、どの部分を批判しているかを聞けば、澄ませた耳に自分に対する評価が自然に入ってくる。それを支店長としての自分の律し方、彼らに対する適切な接し方の参考にすることができるだろう。

部下のために良かれと考えてすることが、部下に評価されるとは限らない。支店長と問題意識を共有しているとは限らない。中間管理職は一人の大人であり銀行員としての経験も豊富で冷静な判断もできる。彼らの言葉の端々から学ぶことは多いはずだ。

中間管理職の悩みに厳しい家計がある。中年世代は住宅ローンの返済負担、子どもの学資で生活が困窮していることが多い。特に学資負担は節約しようのないもので子どものできが良ければ良いだけ、できが悪ければその分負担が大きくなる。銀行の責任者という体面もあり、生活費も膨らみがちである。せっかく銀行の貸付制度を利用できる立場にありながら、管理職が故にそれを利用することに心理的抵抗を感じてしまう。

何気ない日頃の雑談の中から、彼らのこうした悩みを聞き出し、適切に指導、アドバイスすることが大切である。不正事件を犯す行員の平均年齢が今や高くなっているという。その防止のためにも、中間管理職との仕事以外の対話を大切にしなくてはならない。

7 「業務日誌」の活用

支店長と中間管理職の情報共有は、支店長が思っている以上に不十分であること、そしてそれが支店長の中間管理職への不満の大きな原因となっていること、これは本章「5　中間管理職の「報連相」」の項で指摘したことである。そして同時にその過半の原因はむしろ支店長側にあるとも。さらに支店長は中間管理職に、日報とか営業日誌などの形で報告を求めておきながら、肝心のそして最も重要な情報源である支店長自身が、彼らに対してタイムリーな報告をしていないことのほうにより大きな問題があるとも。

この問題を解決するためには、支店長の動きに関する情報も中間管理職のそれも、それぞれが情報共有できる仕組みを考える必要がある。その道具立てとして「業務日誌」がある。言うなれば各自の行動記録といったものであり、当日の出来事を報告する「日報」とか「営業日誌」のようなもので、そのフォームは次ページ以降に示したとおりシンプルである。だがこれを活用して、支店内の情報共有に大きな成果を得た例がある。

もちろんその秘密は、業務日誌のフォームにあるというよりは、使い方、情報共有の道具に仕立て上げる工夫が隠されているからであるが、それについてはのちに述べることとして、まずこの業務日誌がなぜ情報共有に有効に働くか、それを銀行業務の特性から見てみよう。

支店業務では「受け身仕事」のウエイトが高い。あらかじめ決めた計画に沿ってそれを遂行するという仕事スタイルにそぐわない、顧客からの依頼や指示、本部などからの指令、突発的業務の発生に振り回されるからである。だがこれらの「受け身仕事」から派生する情報にも、支店管理職が共有すべき貴重な情報が混じっており、タイムリーな情報共有が必要だ。そして情報は重要なものほど支店長に集まるのが支店活動の特徴である。

一方、経常的業務、例えば報告書の作成、店内検査、重要品の管理保管業務などは中間管理職の仕事であるが、仕事量から見れば比率はむしろ低い。だがそれらは支店業務において極めて重要なものであり、計画的にかつ確実に処理されなくてはならない。手抜きや遅れは絶対に許されない。だが彼ら中間管理職もまた、日々受け身仕事に振り回されている。そしてそんな受け身仕事からも、管理職たちが共有すべき情報が発生している。

ここから導かれる答えは、店内の情報共有において、支店長は情報の発信者であるべきこと、中間管理職は重要な経常業務遂行のための計画と実行状況を、常に情報発信しなくてはならないこと、そしてそれらが簡便に行われる仕組みを構築すべきことである。

簡便な情報共有には「情報の圧縮」が必要である。この情報共有は支店内で一番忙しい支店長が主役だから、業務日誌への記入時間を短縮し、かつ漏れなく記載するよう工夫されなくてはならない。業務日誌による情報共有のキーワードは「情報圧縮」にある。

支店長の業務日誌　左は支店長の業務日誌である。朝、本日の重点項目を記入することから仕事が始まる。そして当日の行動を逐一記入し、夕方全管理職に回覧する。

特徴は当日の支店長の重点活動方針が項目として列挙されていること、その日の支店長の行動、顧客との折衝、本部との交渉などが、すべて一行に凝縮して記入されていることである。詳しい内容は一切記されていない。だから支店長がこの日誌を書くのは造作もない。これが「情報圧縮」という業務日誌最大の特徴である。これを守ることで、業務日誌記入に要する時間が大幅に短縮され長続きするのである。これだけでその日の支店長の動きがすべて分かるが、その詳細は分からない。中間管理職は自分が関係しそうな記述を見つけたときには、支店長にその具体的内容を質すのである。このとき対話が生じる。

本日の重点項目を書くことで、支店長はその日の自分の行動にメリハリをつけるきっかけとなる。指示事項の欄には、明日以降予定している会議招集とか各管理職への指示や、優先して処理すべき事項を記載する。これを部下たちが見落とせば、例えば会議招集の示達を見落とせば、支店長は厳しくそれを咎めることとする。それが二度三度重なれば、中間管理職が支店長の業務日誌を斜め読みすることはなくなる。

中間管理職から見た支店長の業務日誌は、自分の活動に関連する支店長が得た情報を収集しまた、支店長の指令を知る掲示板となるのである。

業務日誌　25年9月3日(木)

作成者　浅川直男

本日の重点項目	指示事項
1 商店街・ローラー。 2 進行中の融資案件 検討。 3 秋の取引先懇親会 段取り	明日(4日) 5:00− 幹部会

時間	形態	相手	内容
9:00	→	人事部上田調	融資研修 講師やってほしい OK.
9:15	→	村田機器	融資相談あり。来社乞う。
9:20	来	宮本部品社長	今期の業績見込説明。
10:00	訪	村田機器	隣接地が売りに 一 買いたい。~~5000円~~ 50,000 4/19
10:45	〃	島中工業・社長	表敬訪問。
11:30	〃	サン電機	〃 社長不在。専務と
1:00	←	電装社他	来週訪問アポ取り。4社
1:30	来	審査部二関調	支店長 7社について打合せ
2:30	訪	菊屋社長	} 他商店街。挨拶回り。
	〃	サンシューズ社長	
	〃	東洋堂社長	
3:40	→	エイコー社長	ゴルフの誘い。9/14。OK.
4:00	打合せ	渡辺代理	融資案件進捗状況聞く。
4:40		加山代理	業務目標進捗状況。対策。

メモ欄

商店街。売上が軒並み伸び始めている様子。

村田機器。土地購入の件。至急詰める。

←電話をした、→電話を受けた、訪）訪問した、来）来店した

融資役席者の業務日誌　次は融資役席者の業務日誌である。支店長の業務日誌と同じように、その日の行動が一行に圧縮されて記載されていてやはりその詳細は分からない。

そこで中間管理職が支店長の業務日誌を見て支店長に質問したように、支店長は彼の業務日誌の記述の中に、気になる一行を見つけたときは、当人に質すこととするのである。部下から見れば報告書を支店長に提出する手間は省け、支店長から聞かれるのを待っているだけで良い。業務日誌に書かれていればすべて報告済み、内容を聞かなかった支店長が悪い、とするルールを設けてそれを守るのだ。融資役席者の報告負担が大幅に軽減される。

本日の重点項目の欄には、手持ちの業務の中から優先順位をつけて記載する。内部で仕事をする役席者は、本店向け報告書作成、店内検査の実施などの管理業務を持っているが、店が開いたとたん顧客応対に追われて、ついそれを忘れてしまうことがある。

そこで毎朝一番に、自分の手持ち仕事を、緊急度に応じて三つ、本日の重要項目として書き入れる。1は本日中に処理すべきもの、2はできたら今日のうちに片付けておきたいもの、3は手が空いたら手をつけておきたいものである。当日朝のたったこれだけの手持ち仕事の仕分けするだけでも、メリハリのある仕事ができ管理的業務も片付いていく。

指示事項の欄は支店長記入欄である。夕方中間管理職から業務日誌が上がってきたときに、融資役席者に対し気になっていること、必要な指示などを支店長が書き込む。

業　務　日誌　　25年9月3日(木)

作成者　渡辺謙治

本日の重点項目	指示事項
1　延滞報告作成 2　稟議・急ぐ 3　銀取・本店検査	

時間	形態	相　手	内　容
9:00	←	エネオン経理	資料請求(担保関係)
9:15	←	有川産業部長	8月期決算見込みについて
9:30	←	有楽産業部長	来期の資金計画、資金需要あり。
9:50	→	住宅ローンセンター	今期取組予定について照会あり
10:00	来	山田工業部長。	雑談。
10:30	来	村山司法書士。	担保設定書類渡す。2件。
11:00	来	佐藤工業部長。	社員貸付制度について相談(契約書)
11:40	来。		
1:30	〃	審査部、二田調	支店長打合せ。支店長と
2:30	→	川上様	教育ローンについて相談
2:45	来。	村川様	二世帯住宅建てたい。設備資金等相談
3:20	ー	〃　ー	延滞報告作成(済)
4:00	ー	支店長	稟議、事後作成、状況、書類依頼。
4:40		〃、加山経理	業務日報・進捗状況
5:00		内部打合。	本店検査スケジュールについて

メモ欄

来期貸出計画、見直し、来週までに。

山田君 金曜日、6:30〜中野駅で

←電話をした、→電話を受けた、訪）訪問した、来）来店した

事務方役席者の業務日誌　次は内部の事務を担当する中間管理職の業務日誌である。彼らは同じよう店内にいて仕事をする融資の役席者以上に顧客応対に振り回される。しかしやはり彼らも、店内検査とか書庫金庫の整理、報告書作成などの仕事を抱えている。だから本日の行動方針の欄に、当日処理すべき仕事を優先順位をつけて列挙するのだ。

事務方役席者はよほどのことがない限り支店長に報告すべきものはない。支店長の行動を逐一知らなくても、自分の業務に支障はほとんどない。その結果支店長は彼らの仕事内容に疎くなりがちで、彼らは彼らで支店長の行動にあまり関心を持たない。店内情報共有のエアポケットになりやすい。そしてそれが時として大きなトラブルになることもある。

左ページのサンプルを見れば、これだけで内部事務方の動きがビビッドに支店長に伝わることを感じ取れるだろう。事務方役席者自身も自分の書いた業務日誌を見ることで、日々の自分の行動を客観的に見ることができる。支店長や他の役席者の業務日誌を閲覧することで、支店全体がどの方向に進んでいるかを知ることができる。

業務日誌があることで支店長からの質問もこれまでとは段違いに増え、対話の機会が多くなるだろう。日頃支店の業務推進活動の輪から疎外されがちな彼らも、支店幹部の一員であることを自覚し、仕事への意欲を沸かせることができるだろう。指示事項の欄は支店長のためのものである。支店長は夕方業務日誌を見て気が付いたことをその欄に記入する。

業　務　日誌　　25年9月3日(木)

作成者　中村 保

本日の重点項目	指示事項
1 来期広告宣伝物申請. 2 回収滞定期証書チェック. 3 書庫整理	

時間	形態	相　手	内　容
9:03	←	営業・中田主	営業場レイアウト変更について
9:15	来	山本商店里さん	来週からセールをやるとのこと
9:30	来	沢村様(一見)	新規口座 — 国債に興味とのこと
9:50	来	森川工業経理	残高証明・小切手帳発行依頼
10:00	→	グローバル機器	コピー機の件・午後来る予定.
10:15	←	業務部三村代	広告宣伝物申請について質問.
11:05	→	幸山さん	相続手続の照会　来店依頼(来週?)
11:30	来	島田(商店会)	秋祭り協賛金依頼 → 10千円で.
12:00	—	ATM3号機	不調、原因不明 — 連絡TeL.
1:00	来	アスカ産業社長	支店長に、また来るとのこと
1:30	←	新井時計店	注文した営業場の時計まだか、来週.
1:50	来	下山さん.	窓口で苦情. 対応の問題、謝罪に
2:20	来	グローバル機器	コピー機修理.
2:45	→	奥の細道会.	会議室借用申込. 9/25. OK.
3:00	→	湯川工業.	明日現金10,000千円出金予定.
3:30	→	佐本産業.	和合会の名で口座開きたい — OK
4:00	—	—	広告宣伝物申請書作成(済)

メモ欄

ATM. 2号機 何故現金切れ多い?

平日なのに来店客多し. 325名.

←電話をした、→電話を受けた、訪）訪問した、来）来店した

業務日誌の意味　営業役席の業務日誌は支店長と同じパターンになるから省略する。

業務日誌の最下欄は備忘録である。当日の業務活動の中で気が付いたこと、感想、思いついたアイデア、さらには翌日以降の仕事に向けての覚え、これらをメモする欄である。この欄は個人的な覚えのためにも使って良いこととする。仕事中にかかって来た個人的な電話の内容、例えば友人との会食の約束などをメモするのだ。こうした活用で業務日誌は支店内の情報共有の道具としてばかりでなく、それぞれの担当者の手帳代わりにもなる。

内部役席者は業務日誌を机の端において執務し、電話交渉であれば電話しながら書き込み、来客のときはそれが終わったらすぐ記入する習慣をつけると良い。支店長や営業担当役席者のように訪問活動が主体であれば、帰店してすぐ記入する。だから業務日誌はパソコン入力でなく手書きが向いている。

こうしたちょっとした工夫をこらすことで業務日誌の記入は、当日夕方には自然に終わっていることになる。改めて書くという時間の無駄も、書かなくてはならないという義務感も持たなくてすむ。

業務日誌が回覧されるのは必ず当日の夕方である。そのときの支店内の光景を想像してみよう。業務日誌を読むことでお互いにお互いのその当日の動きが手に取るように分かるから、役席者同士の対話の種が格段に増える。特にこれまで疎外されがちだった事務方役席者の声も大きくなる。業務日誌を挟んで支店長と各中間管理職が、互いに質問し答える姿が見受けられる。支店長の部下への連絡漏れも、中間管理職の支店長への報告忘れも激減する。

何よりも、これまで中間管理職同士の間にあった目に見えない壁、セクショナリズムが、業務日誌を活用した情報共有によって、しだいに取り払われていくだろう。小さな支店の中でも係間の連絡の行き違い、連絡の不徹底が両者の間に不協和音を奏でることがしばしばあるものだ。しかしタイムリーに情報が共有化されれば、それも少なくなるだろう。たった一枚のシンプルな様式の業務日誌が、店内の結束を固めることになるのだ。

こうして書き溜めた業務日誌がその威力を発揮するのは一年後、二年後である。過去の業務日誌を読み返すと、自分の仕事人としての足跡を見つけることができる。去年の今頃自分はどんな仕事をしていたのか、どんな顧客とどんな交渉をしていたのか、が一目瞭然である。顧客との交渉記録にもなっているのである。

人間はたった一行の圧縮された記録を見るだけでも、過去の記憶を鮮明に甦らせることができるものだ。そして業務日誌に強い愛着を持つことにもなるだろう。

業務日誌を活用し続けたある支店の役席者は、転勤で支店を去るときにこう言った。

「業務日誌は私の宝物になりました。私の生きた証です。一生大切に保管します」と。

◎いまこそ銀行業は原点回帰を図れ

銀行員という職業

寺田欣司著　新書判　246頁　定価1,260円(税込)

金融業界には様々な問題が氾濫している。その問題を解くためには今だけではなくかつての銀行員の目も必要となろう。まさに原点回帰である。著者の経験談から当時の銀行員の行動や考え方を垣間見ることで、「銀行業の原点回帰」を図る。

第一章　お客様に接する
第二章　行内いろいろ
第三章　五人の支店長
第四章　銀行マンの処世術
第五章　銀行マンと融資

寺田欣司（てらだきんじ）

◎著者略歴◎

1944年静岡県生まれ。東京大学法学部卒業後旧三和銀行（現東京三菱ＵＦＪ銀行）入行。吉祥寺支店長を経て三和総合研究所（現三菱UFJリサーチ＆コンサルティング株式会社）開発部長、学校法人杏林学園大学参与、三和総合研究所取締役、三和総合研究所理事、富士通総研取締役研究主幹などを歴任。現在は、学校法人武蔵野東学園理事長、磐田信用金庫アドバイザー。

主な著書として、「支店長が読む銀行業務改善隻語　百八十撰」「銀行員という職業」（近代セールス社）、「いい仕事をつくる段取りと手順」「いい仕事ができる行動と考え方」「いい仕事を生む論理的思考法」「クリティカルシンキングの技術」（以上オーエス出版）、「トコトンやさしい法律の本」（日本工業新聞社）など多数。

部下を活かす支店長

2013年11月4日　初版発行

著　者　――――――寺田欣司
発行者　――――――福地　健

発行所　――――――株式会社近代セールス社
http://www.kindai-sales.co.jp
〒164-8640　東京都中野区中央1-13-9
TEL：03-3366-5701
FAX：03-3366-2706
印刷・製本　―――壮光舎印刷株式会社

ISBN 978-4-7650-1217-1